U0040217

流浪日記

世界，是我的信仰

浩子
（謝炘昊）
——
著

可愛的瘋子認真對待
生命與生活的故事

占星專家　唐綺陽

浩子曾經來過我的直播，那時他還沒出發去環遊世界，之所以來我家沒有任何目的，就是我們都認識金牌（我的經紀人），於是就請他們來玩玩。

先前對浩子的印象也是透過電視，浩角翔起組合這麼紅，是大家喜愛的旅遊節目主持人，其中浩子雖然是雙子座，但總給人感覺很老實、憨傻，有質樸的幽默感，甚得我緣。當時就很期待與他們擦出火花。

當時他們一來到現場，浩子果然比較羞澀、文靜、溫暖，像個無害的小動物，我頓時放心不少，心想現場不會失控了（那是我第一次招待來賓的直播）。

結果，什麼老實、憨傻、文靜、溫暖，通通不見了，浩子上了鏡頭就是個瘋子，就是個哪壺不開提哪壺的恐怖份子，完全不受控制，我只能被他牽著鼻子走……一路靠阿翔好心救援。驚嚇之餘，只能讚嘆，浩子果然是有瘋狂基因的雙子座啊。私下跟金牌聊到他，金牌也說他是奇人，別人簽合約重視的是價錢，浩子簽合約注重的是「有多少休假」，讓工作伙伴都很傻眼呢。

所以，當浩子宣布停工一年要帶著全家去環遊世界時，我一點都不驚訝，沒錯，浩子就是這樣一個任性、不在乎錢只在乎家庭、勇氣十足、會做出瘋狂決定的夢想家，我真的很佩服他，敢在演藝事業如日中天時說停就停，也佩服他三觀超正，理解孩子的成長只有一次，不想缺席，不被物欲牽制，做個身心都自由的人。

之後的一年間，看他的文字成了我的愛好。不愧是雙子，擅長用文字表達心情，也帶動他人隨他的角度去看世界。他的文字不是傳統遊記，記錄方式雖然隨性，卻深具詩意，非常感性，看著他的文字，就會發現浩子的另一個本質：善感，難怪他要從覺得束縛的工作中出走，好讓靈魂自由呼吸。

2017 年中，我也做了檔旅遊節目《唐綺陽逍遙遊》去到英國，發現浩子也在倫敦，馬上聯絡，在英國匆匆見了一面。人在異鄉，相見特別親熱，浩子拿出了他攜帶的紅酒、小菜招待我們，我也看到了浩子居家、顧家的一面，內心更加欽佩他智慧的決定，若我父親停工一年帶我環遊世界，這將會是多麼美好的回憶。

旅行大半年的他絲毫沒有疲態，一家四口天天緊密相處，反而更有默契、彼此更了解、也更親近，這些都不是待在台灣汲汲營營所能擁有，好替他開心啊。

很高興他把這趟難得的旅程集結出書，這是一個有智慧的人，用他獨特的視角、價值觀，認真對待生命與生活的故事。別人看到的，是停工一年損失多少收入，他看到的，卻是無法以金錢衡量的寶藏，人生無憾。

恭喜你浩子，希望你繼續用獨特的視角帶我們看見世界，你這可愛的瘋子。

看著看著也開心起來，感覺真好

乱彈阿翔

當浩子說他要環遊世界一年，我直覺認為他一定是在搞笑，也就隨便聽聽沒有當真。

有一天我剛寫完歌，正抱著一大堆回收及垃圾走到巷口，等垃圾車來的同時，收到浩子傳來一張張充滿陽光的異國照片……沒想到之前餐敘閒聊過後，他當真去環遊世界了！

之後，浩子幾乎每到一個國家就會傳照片給我。

邊翻他的照片我邊想，我們自以為的生活既熟悉又安全，捨不得也提不起勇氣去改變，漸漸地將一切模組化，如例行公事般早上中午下午，一天過著一天。

對呀！為什麼每天都差不多，慣性的生活，不用思考的規則，安逸占據了生命。於是，提不起勁，越來越懶，時間無情的使我們老去，而我們忘了察覺。

說是幸福也可悲，真的要這樣過一生嗎？

刺激與不安最能激發人類的生存本能，而便利的生活已經讓我們的身體在所謂的進步中，退化了許多原本該具備的功能。東西太少用就會壞掉，的確，我們好像都壞掉了一些……

或許你我不像浩子一樣，可以放下手邊的工作，給自己一年的時間好好還原，沖洗那些所謂的「應該」，以及一成不變的日子。藉由旅行，走到不熟悉的國度，體驗那邊的人文生活，了解當地的科技、交通、藝術與美食。

然而，看著浩子傳給我的照片，一家大小開心的樣子，我也被他的自由和熱情感染，看著看著也開心了起來，感覺真好。

這，才是生活。

這個夢很瘋狂，但很值得！

寶貝魚

「老婆，這裡有無邊際泳池吔！看我用蝶式來向它致敬，真希望你們可以一起來！」「老婆，這裡的 Mojito 好好喝，真希望妳也來喝一杯！」「臭寶、Queenie，爸爸在溜冰吔！下次帶你們一起來玩。」這些話全來自於每次外出工作時，浩子對我們吐露的一種思念和期待，或許就是因為這些小小種子的發芽，讓有著藝術家性格的他，許了希望在孩子就學前全家人一起環遊世界的美夢。

當然，故事要有曲折才精彩。首先我們要得到家人的諒解以及公司的支持（光這兩點就讓我們險些一夜白髮了），接著是出國前的林林總總準備，很瑣碎但很重要，從打包一年份的行李、規畫好一年的機票、住宿、保險、各國簽證、安排小孩回國後就學事宜、打疫苗等等，還有未來一年太多無法預期的事，這些都讓雙魚座、凡事要仔細計畫的我備感壓力。老公……可以改成半年嗎？夢很美，但前置作業真的不輕鬆，不過為了圓夢也只能衝了。

現在我要說，衝得好！

我們走訪了十多個國家、二十幾個城市、搬了三十幾次家，在京都的高山寺遇上會說話的菩薩、見識到整個城市封街辦 Party 的荷蘭國王節、住巴塞隆納天天喝 69 元台幣的好喝紅酒、去義大利 Siena 山城看到了人間仙境的 view、在佛羅倫斯巧遇我的夢中情人奧蘭多、阿拉斯加郵輪上浩子贏得了人生第一個賭王頭銜、加拿大的紙鈔最具藝術感、古巴沒水沒電的夜裡點著蠟燭說著故事、Queenie 在紐約許下的五歲生日願望是希望爸爸媽媽永遠不會死掉……

你問我都沒有發生不好的事嗎？當然有一些，被騙、被偷、被歧視、大半夜住進恐怖民宿睡也不敢睡、天還沒亮全家人就流浪到街頭找下一個住處等等，但因為全家人在一起，一起面對、一起克服，好像也沒那麼不好了。還有一路上遇到許多好心朋友伸出援手、協助我們，這個夢也因為有你們而更完整了。

這趟旅程真的教會我們很多很多，基本上一家四口能平安歸來就已經是奇蹟，所以我帶著無限感激的心面對自己的人生，也發現自己的價值觀、意志力、判斷力、包容力、抗壓力和體力因為吸收了世界的養分而微微提升；更重要的是，這輩子我們一家人的感情曾經如此深刻凝聚在一起。

老公，謝謝你豐富我們的人生。這個夢很瘋狂，但，真的很值得！希望以後可以一起寫下更多更美的故事！

2017，是我生命中很特別的年份。

這一年，我帶著我的家，一起去旅行。我最得意的笑聲，是在義大利山城西耶納，女兒 Queenie 反射性的跟我說了一句 *Prego*（義大利文的「不客氣」）；我最如獲至寶的時刻，是兒子臭寶不經意對我說：「把拔，我覺得我們好像同學哦。」

這一年，我深深體會到，「人生以服務為目的」。在流浪的最初，我試著「什麼都不做」，想要得到最純粹的休息，可沒多久發現了一件可怕的事情，我休息了好多好多，得到了好多好多的體力，可是這些體力沒有地方去，因為我「什麼都不做」。為什麼要休息？為什麼要有體力？那一刻我竟然失去往前的動力。直到有一天，在粉絲頁 PO 了第一篇文章，有人看到了、消化了，然後又給我一些回應，我看了這些回應好開心，好像我帶著一大票人一起玩，於是，我上癮了……這是「流浪日記」最初的模樣，也才了解為什麼要服務別人！

這一年，也讓我相信世界上是有天堂存在的。在世界各地看到很多景象，很多時候這些景象會很接近神蹟，你要親眼看到後才會相信。就好比聖家堂，再一次看到它時我還是熱淚盈眶，覺得它是老天爺派高第建造出來的，天堂的樣品屋。又或者，當我抱著兒子衝向尼加拉瓜瀑布，氤氳水氣在我們身旁築起一道音牆，轟轟轟的像打雷，也像宇宙運轉的聲音，然後猛回頭，我看到兩道彩虹掛在我後面。

這一年，世界教我很多事情。在台北我們極度享受便利，離開後才開始體驗生活。我們曾經在加拿大走了一個小時的路去買牛奶，想起來滿蠢的，但這麼平凡的經驗正好可以教導小朋友，你眼前的一瓶牛奶其實沒那麼簡單。走出去跟世界接軌，才有辦法深刻體會這樣的日子，畢竟我們已經習慣太久、也太在乎自己了——把世界活得大一點，路再走遠一些，多愛別人一點，內心的自己少一些，空虛寂寞和煩惱就會更少一點。

CONTENTS

日本。

在京都高雄的高山寺，發生了一件很神奇的事情，從此之後，寶貝魚和我的人生的每個禮拜一，都是無酒精日。

世界轉了一圈，覺得可以讓日本人服務真好。

臭寶和 Queenie 最愛的兩個國家其中之一，因為有扭蛋和煎餃。

浩把拔、臭寶、QN
流浪對話

2017 / 02 / 16

今天，把拔一直期待你問那句話……
終於在計程車上，讓你爸我等到了。
「把拔，我今天要上課嗎？」
「ㄜ，你再問一次！」
「把拔啊，我今天要上課嗎？」
「你……今年都不用上課！」
原諒我驕傲的小宇宙一直翻騰。

日本
12

往雄琴的電車上，你嚇到把拔了！

你叫把拔伸出手來，扳下把拔的中指，

然後說：把拔，你看，我把五變成偶數了耶。

怎麼可能！！！

孩子，這個行為結合了數學邏輯、肢體語言、高級幽默，你知道嗎？

把拔有個兄弟到四十歲了還不會九九乘法，你知道嗎？

那一刻，我是全世界最驕傲的老杯啦，哈哈哈哈……

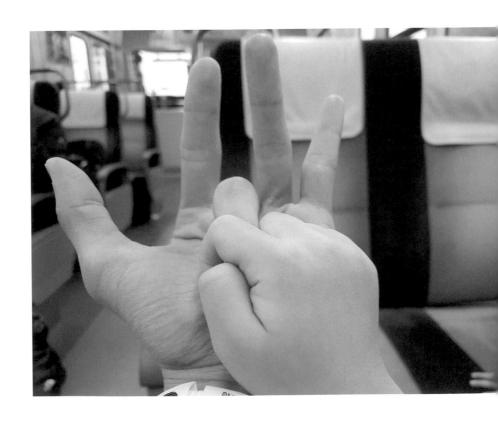

孩子，你長大以後，
也會牽著我們過馬路嗎？

2017 / 02 / 28

今天晚上，妳問：馬麻，要怎樣才能當艾莎公主啊？
馬麻：要有充足的睡眠、要運動、要吃青菜。
把拔：還要善良！
Queenie：把拔，善良我們去過。
把拔：那是奈良！

2017 / 03 / 04

我想，京都我會去很多次的地方，除了祇園跟嵐山，
就是這個地方了！

PS. 營業時間 8:00-19:30
PPS. 還好，不是遺失一台相機什麼的⋯⋯
PPPS. 是兩台。

2017 / 03 / 07

今天，又是告別時間。
隔壁日本阿嬤聽到我們在外面嘻嘻嘩嘩，出來看鬧熱，
之後我就跟日本阿嬤開心的聊起來⋯⋯
聊很久很久很久很久，都不知道對方在說什麼！
但是，彼此傳遞著一種溫暖。
阿嬤知道我們有小孩，就進去拿了幾瓶汽水給小孩，
身為台灣人不能輸，我們馬上上樓湊了一些台灣餅乾禮尚往來，
殊不知，阿嬤有著武士道精神，馬上又回家拿了一瓶日本茶，說大人也會渴。
呼，我無以回報，只能帶她參觀民宿當回報。

生命最喜悅的時候，
就是分享。

接下來，恐怖的事情發生了！
阿嬤回家後，過了五分鐘，叮咚，門鈴響，
她老人家手上拿著兩樣東西，好像說過年會用到的，
很誠心誠意的一定要送給我們。
我真的沒有什麼可以回送給阿嬤，只能一直謝謝，一直謝謝。
接下來，恐怖的事情，又發生了！！
又五分鐘，叮咚叮咚，門鈴又響起，是阿嬤。
她手上的塑膠袋裡裝了一堆東西：
手帕、別針、吊飾、方巾……
阿嬤送了一堆東西，然後嘴裡還跟我謝謝，
這是什麼情形，送人家東西還謝謝對方？
我們只能在門口一直謝謝來謝謝去，
謝謝的最敬語，謝謝的飛航模式……
京都的一個月又一天，
我終於看到比祇園白川、嵐山、平等院、五重塔、炸河豚更美
麗的風景了，
就是，阿嬤的熱情。
生命最喜悅的時候，就是分享。
叮咚！不好意思，門鈴又響了，阿嬤來了。

2017 / 03 / 08

怕兒子花錢，但終究還是來了。
帶著你們在巷弄裡面一直走、一直走、一直走。
我知道你們很開心，因為我們從來沒有講那麼多話……
我不喜歡拍照，但是，我自拍了！
媽，我沒有勇氣開口跟妳說：拍照的時候，可以張開眼睛嗎？

2017 / 03 / 10

「拔，咱來去吃京料理，來京都應該要吃個京料理試試看。」

「麥啦！貴鬆鬆，自己買來煮就好。」

「拔，你要點蝦咪酒？」

「700 日幣，快 200 台幣吶，算啦算啦，飲水就好啦。」

「拔，我們三站就到京都了。」

「响，實在金貴，三站 190 日票，台幣 50 幾摳⋯⋯」

拔，謝謝你總是這麼嚴謹的看待著每一分錢，讓我深刻理解錢的珍貴，真的太感動了。有鑑於此，我也請您放心，我一定會設身處地為您著想，為您找出在京都最自在的所在：不用花錢、不坐電車、超越物慾、歡樂滿載⋯⋯

那

就

是

：

京都公園

無料放題

PS.「無料放題」意指免費吃到飽。

2017 / 03 / 11

京都的風景，是走出來的。

謝謝你們把身體保持得那麼好，我們才可以一起走入那些個美麗風景。

「拔、麻，這裡就是世界遺產啦，你們看，這個枯山水，日本人金呷意
這種禪意內。」

浩霸：嘿啊，別位沒有這個內！

浩麻：呴，這魚這大隻！

浩霸：這個魚可以吃內。

浩麻：甘沒有臭土味？

浩霸：不可能啦，這水這呢乾淨，沒味啦。

浩麻：嗯，日本郎有影厲害！

浩麻：阿這些魚怎麼都不怕冷厚？

環境真的影響人好深，好有禪意的對話，再厲害的寫手也想不到的對
白，只有真正跟這個地方一起呼吸的人，才吐得出的芬芳。

「拔、麻，我們再去前面看看……」

PS. 謝謝你們不畏風雨，我們才可以一起目睹披著彩虹衣裳的渡月橋。

2017 / 03 / 12

把拔：你看！這個塔是用木頭蓋起來的耶，好厲害哦。

臭寶：可是這樣很危險耶。

把拔：嗯，棒棒⋯⋯有消防概念！所以告訴把拔，木頭蓋的房子，最怕什麼呢？

臭寶：最怕大野狼，因為大野狼會把它給吹走，呼——

把拔：⋯⋯嗯⋯⋯很好⋯⋯

把拔：妳看哦，一個 1、一個 0、一個 0，就是 100，所以這是一百元，知道嗎？
Queenie：嗯，知道了。那把拔，這個一百元破掉了！

三十三間堂裡，有一千零一尊菩薩。

你，在外頭獨自玩著石頭。

「把拔，我好想念台北哦，我想要在台北就好了。」

「孩子，這是你的鄉愁嗎？五歲的孩子會有鄉愁嗎？你想念家鄉的什
麼？還是，帶著你們到處走，只是我的一廂情願？」

「那把拔明天帶你去環球影城看哈利波特？」

「哦耶，最喜歡把拔了！」

2017 / 03 / 16

菩薩，請保佑我不要再流鼻涕了。
菩薩，請保佑我們全家平平安安，健健康康。
菩薩，祢不要忘記哦，我要很多很多扭蛋哦。

2017 / 03 / 18

小姨婆來找我們玩，特別交代她要幫我帶鳳梨酥，日本人很喜歡。

終於，可以給鄰居阿嬤嚐嚐來自台灣的美食。

叮咚。

「斯咪媽謝，台灣偶咪鴨給爹嘶，偶一係、偶一係。」

「啊，多麼阿哩嘎朵狗在姨媽嘶嘶嘶嘶⋯⋯」

我必須承認，送完禮之後，內心覺得阿嬤一定會回禮。

我像個討人厭的小屁孩，總是吃定阿嬤。

叮咚。看吧，阿嬤又按門鈴了！手裡還拿著三樣東西。

「不好意思內，遮葛素小朋友的毛巾內，還有遮葛宿貓頭鷹小吊飾
內。最後遮葛，啊，我的錢包內，裡面有錢爹嘶⋯⋯」

阿嬤竟然把她的錢包送我，而且裡面還有錢！是一個五円。

「五円，五円爹嘶，五円就是『有緣』爹嘶內。」

從阿嬤手中接過那枚五円，才發現，是一顆太陽。

2017 / 03 / 19

快樂的時候，
連影子看起來都快樂。

而且，會有很神奇的事情發生。
像是……召喚老鷹！

2017 / 03 / 20

慢慢的走著……流浪的腳步。
慢慢的說著……流浪的故事。
慢慢的變成……
流浪漢的樣子。

2017 / 03 / 21

把拔不太知道可以教你們什麼，
但是，這是把拔確定要在旅途中，
讓你們認識的第一個字。
兩位，這是「天」。
我們姓謝，你們名字的第二個字就是「天」，
是要你們隨時記得感謝老天爺。
感謝老天爺給我們好吃的食物、
感謝老天爺讓我們平平安安、
感謝老天爺讓我們健健康康、
感謝老天爺讓我們愛著彼此、
感謝老天爺……
讓你們當把拔馬麻的孩子……
感謝老天爺、
感謝……
把拔馬麻，真的好愛你們。
真的……好愛你們。

2017 / 03 / 22

「怎樣，現在還會想要回台北嗎？」

「不會──」

「美枚，妳呢？」

「不餵。」

「妳今年四歲了，已經不是三歲小孩了，不要再娃娃音了。」

「我是嚼角兵。」

「是小小兵。」

「把拔，我的福音戰士說他還要吃爆米花。」

「不行，他吃兩桶了。」

「可是他說他想再吃。」

「是你想再吃吧！還好你阿嬤沒來，不然我又要被唸經了，拿去。」

你的「鄉愁」是爆米花，一顆顆的被你吃掉，那，把拔的呢？

登楞！馬麻幫把拔滷了一咖滷肉啦，

人客啊，滷肉飯來啦，頌啦！！！！

沒什麼好再要求的，只是，如果有三層肉，就完美了，

日本人怎麼只賣兩層肉，

嘻嘻，沒關係，這樣就夠開心的了，

哈哈哈哈⋯⋯為什麼少一層？

每天早上都來這裡喝咖啡，
幸運的話，就會被一群日本女大生包圍，
像我今天就是，呵呵。
「一朝一會」，是他們彼此間的默契，
對於我的亂入，他們也慢慢習慣，
今天甚至其中一位男大生，
要我在女大生裡挑一個最漂亮的，
那些女大生竟然還認真的害羞起來，
呵呵……相見恨晚相見恨晚啊，
哈哈……每天都可以看到彼此，
是個簡單幸福的約定。
一個都不能少。

2017 / 03 / 24

事情是這樣的。

「一朝一會」女大生姐妹花老闆娘,

每次在客人用餐後,

都還會招待大家一個小零食或小蛋糕,

我昨天也帶了幾包台灣的花生跟他們分享,殊不知,

這個行為,太過挑釁!

一大早她們就已經守株待兔,準備對我以牙還牙。

「偶嗨喲,昨天的台灣花生很好吃爹嘶,斜斜膩。」

「已A已A。」

「這包是給你的歐咪呀給內,這個是雞、雞年、雞雞平安;

這個也是雞、雞年、手機平安;這個是……」

「那個袋子應該是跟哆啦A夢借的,裡面什麼都有。」

我真的太感動了,才會在她們聊到她們的年紀68、73歲時,

聽成是68、73年次的,然後直誇她們好年輕好漂亮,

之後她倆笑成京都最早開的櫻花。

你以為,我會輸嗎?加倍奉還!

「菩薩，祢嚇到我了……」
巴士一路往山上開，
來到終點站，高雄的「高山寺」，真的好高啊。
拾級而上，兩旁的大樹，不說一句話的站著，
卻把經過的人，站出一個小。
菩薩，隱身其中。
我誠心的跟菩薩說：
親愛的菩薩，請保佑我們全家平平安安、健健康康。
啪！一根很不細的樹枝，差一奈米的精準，
沒打到我的頭，就這麼掉在我的鞋尖。
菩薩，祢有話要跟我說嗎？請祢明示吧！
我閉眼，想聽菩薩說些什麼，
結果，什麼聲音也沒有。
轉身，第一眼看到的，

石碑上面刻著祢的留言……嗎？

我愣了好久好久好久好久……
我知道了。
菩薩，祢是開玩笑的吧？
哈哈哈哈。
菩薩，祢是要我們隨時保持幽默感吧？
哈哈哈哈。
好啦，我規定自己，每個星期一是「無酒精日」啦。
菩薩，祢嚇到我了。

2017 / 03 / 27

我承認，我貪圖人家的遺產。

以下是我的供詞，因為……

「南禪寺」裡有個轉彎，可以穿越到「塞哥維亞」。

「平等院」美到變成一枚十円。

「高山寺」的菩薩嚇到我了。

「延曆寺」的佛祖坐在 B1，眼神高度跟我們一樣，竟是種叮嚀。

「天龍寺」枯山水庭園裡的魚，很肥、無土味，禪。

「醍醐寺」要我小心講口感。

「龍安寺」夾破一鍋湯豆腐悟不出半個道理。

「仁和寺」兩尊健身房教練體格的門神，名字叫「哼哈二將」。

「金閣寺」的金是金。

「銀閣寺」的銀是黑。

在這些世界遺產前，我顯得無比貪婪。

那天晚上跟同學分享我的感動，他們則跟我分享彰化的歷史建築被拆的新聞。

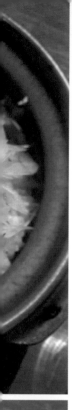

那個夜晚，你留了電話給我，
下面還寫了日文おばんざい，
這是第一次有日本人留電話給我。
隔天，我拿了字條問女大生，
她馬上拿起電話打聽おばんざい，
之後又詳細的畫下尋找おばんざい的地圖。
當晚，憑著那張還溫溫的地圖，
沒有迷路的找到おばんざい。
還記得，那口おばんざい……
我聞到梅山阿嬤燒柴的氣味、
聽到稻米驕傲的笑聲、
看到野菜在比誰的體味香、
見識一隻小卷竟然代表一片海洋！
這些平凡的傢伙，組成了一個傳奇的隊伍，
他們的隊名是「我心中京都最好吃的食物隊」，
從此，過著幸福快樂的日子。

PS. 昨天星期一，真的沒有喝酒。
PPS. おばんざい是京都用語，音同「歐邦栽」，
　　　指惣菜（小菜的意思）。

臭寶說愛爬山。

「好！那把拔今天就帶你們去爬一座『大』山，真的是大山哦，因為山頂上寫了一個『大』。」

過程中，你們撿拾小樹枝，

變著哈哩巴逗的魔法，

或是撿拾小樹枝，

炒著枯葉鐵板燒，

或是撿拾小樹枝，

再撿拾大樹枝……

這些舉止，嚴重挑戰把拔攻頂的執念，

卻也讓把拔驚醒！

你們正享受著爬山的每一刻，

而不是愚昧的只是想攻頂，只是想征服什麼，

過程才是重點，過程才是重點啊！

「快點！不要再撿了！」

對不起，就是想攻頂。

「哇，好美麗啊！好漂亮啊！天空之城耶！」

「看吧，把拔就說要攻頂吧！」

爬山，就是要攻頂啊！？

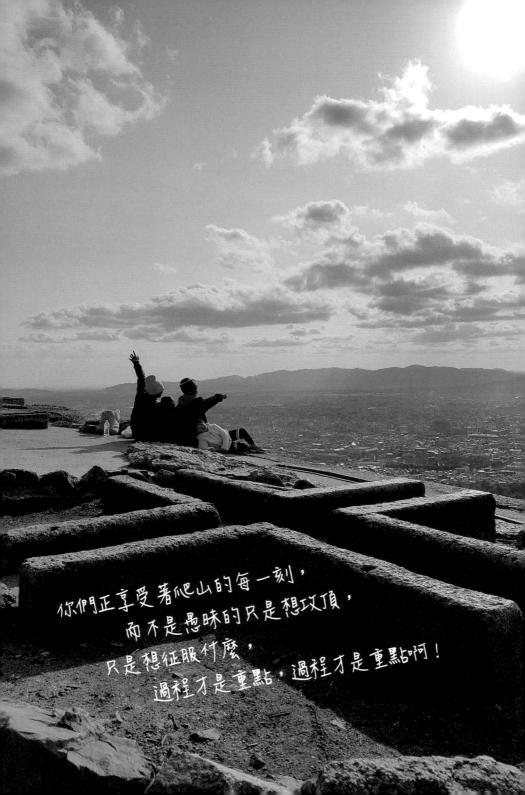

你們正享受著爬山的每一刻，
而不是愚昧的只是想攻頂，
只是想征服什麼，
過程才是重點，過程才是重點呀！

2017 / 03 / 31

「一朝一會」短期內的最終章。

妳知道我明天離開，今天早上，竟然站在門口苦苦等候。

說過我會加倍奉還的，

為妳帶來台灣茶、金門高粱、還有我的家人。

以往來日本的 6 日行程，最後都是藥妝店補貨；

這次來京都 56 天，沒想到最後竟然是跟朋友道別。

「気をつけて。」

這是我第一次踏進「一朝一會」結完帳要離開時，

妳教我的話「保重」。

「気をつけて。」

今天，我以同樣的這句話祝福你們，

希望每天早上這些好朋友們都可以一起開心的喝咖啡。

好吧，不要被外面的雨影響心情，

最後讓我們好好的拍張照留念吧！

1、2、3

莎優那啦──

帶不走。
妳在角落，悄悄的跟福音戰士道別，
把拔也還有一個朋友還沒跟她道別——阿嬤。
會選擇在最後一刻才跟妳說再見，
不是害怕別離，而是……怕妳回禮！
妳今天比以往更晚一些來開門，
我知道，因為妳很小心的慢慢下樓，對吧？
呵呵，棒——
跟妳說哦，這個高粱很濃，妳不要喝太多，
不然菩薩會來跟妳講話哦。
還有這個高山茶，不要喝太多，
不然睡不著妳又要喝高粱助眠，
然後，菩薩又會來跟妳講話哦。
還有還有，
我把那天我們一起拍的照片洗出來了，
還有一枚台灣的五圓，這是，我們交換的太陽。
再見了，阿嬤。再見了，円町。再見了，京都。
再見了，再見。向前行。

2017 / 04 / 02

明明是妳叫我春天來找妳，
妳還給我笑得那麼生疏，
妳以為我沒看過妳放浪的樣子啊！
那年妳笑起來，連天空都為妳換了顏色。
就要離去，在那之前，
再為我講一次，
妳和春風私奔的故事……

2017 / 04 / 03

是櫻花的味道。
嗯，櫻花怎麼那麼香啊！
說了你可能不信，一開始聞起來真像炒麵，
而且是熱騰騰的鐵板炒出來的炒麵，
但是會夾帶一點點明太子美乃滋，
攪和在剛炊好的馨煙超大粒北海道玉蜀黍氣味；
中段的底蘊是木質碳香，
碳燒雞碳燒鴨碳燒豬碳燒白色大蔥；
尾韻落在甜膩，像兩朵白雲在大樹下迷路。
所以你說櫻花香不香？
深夜，又想念櫻花香了。

星期一，真的很難熬，連兒子都看出來了。
晚餐，他突然蹦出這句話：
把拔，你今天有靈魂嗎？
……

還是星期一。
好吧，我知道會睡不著，
來記錄一下那天 Queenie 的夢。
「把拔，我昨天……我昨天做一個很可怕、
很可怕的夢哦，超可怕的！」
「妳講給把拔聽。」
「就是啊，有一隻恐龍，牠很恐怖喔，就
是牠一直要來吃我，後來我就一直跑，然
後……然後牠還一直追，後來……後來我就
不怕了。」
「為什麼就不怕了？」
「因為……因為後來恐龍就把頭套拿下來，
原來是把拔扮的，所以我就不怕了。」
為什麼？
為什麼？
為什麼我在孩子的夢裡，還在扮恐龍？
「Queenie，把拔跟妳說哦，把拔啊，今年
都不用扮恐龍哦！」

然後，還是星期一。

47

做了這件事，明天可以滿足的離開日本了。
登楞！
櫻花樹下野餐。
免包廂費、免開瓶費、
免服務費、免低消、
免驚攜帶外食、免驚吵到別人、
免驚姿勢不良、免驚醉倒櫻花樹下。
先生小姐裡面請。

謝謝妳不吝分享妳的美麗，
在妳的粉紅裙襬下，
所有人一起合唱著春天的歌曲。
謝謝招待。
最後跟妳說一聲粉紅色的再見：
SA──KU──RA──RA──

A
N

西班牙。

第二次看聖家堂，還是眼泛淚光。

比基尼要怎麼穿最好看，就是到沙灘後，把它脫在旁邊。

佛朗明哥，是往生命的嘴巴裡，塞進一顆威而鋼。

浩把拔、臭寶、QN
流浪對話

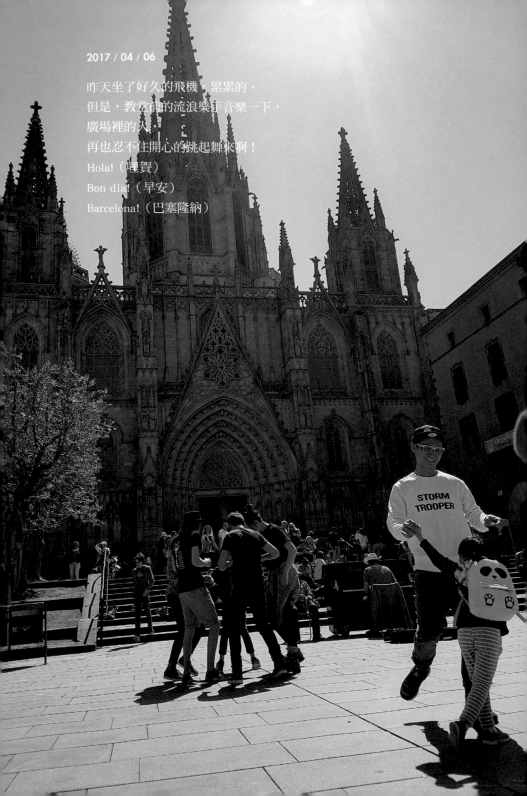

2017 / 04 / 06

昨天坐了好久的飛機，累累的。
但是，教堂前的流浪樂手音樂一下，
廣場裡的人，
再也忍不住開心的跳起舞來啊！
Hola!（哩賀）
Bon dia!（早安）
Barcelona!（巴塞隆納）

2017 / 04 / 07

從前從前，有一隻噴火龍，
牠要把公主吃掉，
就在吃掉公主的前一秒鐘，
一位喬治先生跳出來把噴火龍給宰了，
噴出的鮮血，化成玫瑰花瓣，
灑滿喬治和公主的天空，
從此他們過著幸福快樂的日子。
而噴火龍，經過了幾千年之後，變成巴塞隆納的……
一棟公寓。
噴火龍的肋骨，變成了柱子；
噴火龍的鼻骨，變成了陽台；
噴火龍的背脊，變成了煙囪；
噴火龍的故事……
流——傳——在——民——間——

「哇，把拔你看！」

「來，把拔也會，手撐住。」

「哈哈哈哈……嘻嘻嘻嘻……」

「看吧，飛起來了吧！」

「哈哈哈哈……嘻嘻嘻嘻，把拔再一次！」

「來，手打直……咻……」

「哈哈哈哈……嘻嘻嘻嘻……把拔豪好玩哦。」

「很好玩吧！」

「把拔再一次！」

「嘿……咻……」

「哈哈哈哈……嘻嘻嘻嘻……把拔再一次、再一次！」

「好了，一天只能三次，不然大野狼會把你吃掉。」

「可是把拔我還想飛高高耶！」

「那個草地上有細菌，髒髒�往，走了走了。」

妳好，久仰大名。
曬得好暖的太陽、
海水無比清涼、天空藍到出汁、
穿著比基尼的女孩、褪下比基尼的女孩、
男生吻著女生、女生吻著女生、
男生吻著男生、被兜售的啤酒、
被曬紅的屁股、被圍觀的沙雕、
被吹奏的樂曲、被吹散的失落……

巴塞隆納沙灘，

在陽光下，定義著沙灘。

久仰，久仰。

就說會回來看妳。
哇，妳家的水果都成熟了耶！
荔枝、芒果、葡萄跟草莓，一籃一籃的裝得滿滿滿，
誘人的果香味，吸引了好幾隻蜥蜴和蟒蛇，
竟然還有外星人！
せせせ……
妳要帶我去哪裡？
不說沒關係，我喜歡驚喜。
小孩？
我叫他們去盪鞦韆了……
走吧！

2017 / 04 / 13

一直在思考著，要不要讓孩子學畫。
那天去畢卡索博物館，
很希望在某幅畫前面，
痛哭流涕、感動得死去活來，
後來整個看完，就只有覺得口很渴，
很多事還是不要勉強。
很殘念無法和他的畫共鳴，
但是他的畫，卻讓我發現一件事。
當我把畫筆跟圖畫紙丟給孩子們，
他們總是不經大腦的停不住的畫著，
真的是不經大腦的，
而且進入自己的小宇宙裡面，廢寢忘食，
不理會一旁嗷嗷待哺肚子餓的雙親。

畢卡索說：「我曾經像拉斐爾那樣作畫，但是我卻花費了終身的時間，去學習像孩子那樣畫畫。」

很想讓孩子學畫，
但是，我還在想……

佛朗明哥之夜。

如果啊，

哪一天，我覺得生命不再美麗了，

我希望旁邊的人提醒我，

飛來看一場，佛朗明哥。

吉他手用六條弦彈出八種情緒，

悲傷、憂鬱、輕柔、黏稠、爽朗、奔放、前進、爆炸；

主唱戲謔的唱著他的歌，

但是台上所有人很認真看待著，

反而如宗教般肅穆，

然後，

女舞者深吸一口氣，把周圍的空氣都吸光，

蹦！

她雙腳重踩還原生命秩序，身體留在原地，

雙腳像滾水沸騰，雙手開出無數玫瑰，

眼神那端，是光的來時處，

鼓手看著吉他手的手，

吉他手看著女舞者的雙腳，

越來越快越來越快越來越快越來越快，

突然

沒了聲音

沒人呼吸

啪！！

女舞者一個拍手打破真空，

鼓手跟著拍手，吉他手也拍手，主唱也拍手，

越來越快越來越快越來越快越來越快，

整個宇宙唯一重要的運行就剩拍手，

啪啪啪啪啪啪
啪啪啪啪啪啪
啪啪啪啪啪啪
啪啪啪啪啪啪

轟

一切像是沒發生過，
然後表演者被掌聲跟狂叫淹沒。

如果啊，
哪一天，我覺得生命不再美麗了，
我希望旁邊的人提醒我，
飛來看一場，佛朗明哥。

2017 / 04 / 15

世界在走，拍照亮點要有。
巴塞隆納景點懶人包第一名！

我如果沒在沙灘，就是在往沙灘的路上。
陽光、沙灘、消失的比基尼！
男士全裸也是有的，差點踩到……
海岸線很長，自己找位子。

感謝分享——

會記得要珍惜生命的，
不然，當沙就可以了啊。

今天，巴塞隆納的天空，是粉紅色。

2017 / 04 / 17

再怎麼努力，也模仿不來妳的自由與奔放。
只好，
用我愚蠢的方式，
讓自己，再靠近妳一點。

2017 / 04 / 19

在廣場上用餐，總是會有驚喜。
今天來了一群大內高手，
最底下那位身上背著兩條人命，跨下還夾一條、
在飛的那位加滿油可以飛過三個大人、
再上去那位可以從巴塞隆納一路側翻到北港、
最上面那位，頭髮都禿了。
疊羅漢，一疊就是一個世紀。
「把拔，我也會！」
「不行，你們太小了，會受傷。」
「不會，而且很快！」
「不行，你們……」
「你看，疊好了。」
「嗯……疊得真好。」
把拔以你們為榮。

2017 / 04 / 21

入夜
沙灘上的人 都走了
只剩下 黃與藍
在給彼此
一點顏色瞧瞧
不管他們了
來 跳支舞吧

起床的時候發現自己
披頭散髮。
啤哩啪啪啤哩啪啦……
恭喜恭喜！
「魚的複合式不單純理髮廳」正式開張。
座落在巴塞隆納沙灘旁、
擁有無敵公園景觀、
可洗衣、可洗澡、可洗碗、
可泡牛奶、肯定攜帶外食……
嚕嚕嚕嚕嚕嚕嚕嚕嚕嚕嚕嚕嚕嚕嚕嚕
…………一支嚕仔就搞定。
好了。
「咦！你這邊怎麼歪一邊啊？」
「我怎麼知道？妳是老闆娘耶。」
「魚的複合式不單純理髮廳」正式打烊。

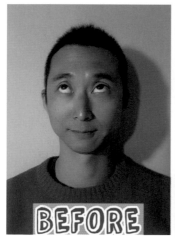

4 月 23 日，是巴塞隆納玫瑰花開的日子。
喬治打敗噴火龍，
從此跟公主過著幸福快樂的日子。
然而，在某一年的 4 月 23 日，
喬治跟生命告別，
從此，每年的 4 月 23 日，
就成了聖喬治節。
這一天，男生要送女生玫瑰花，
女生要送男生一本書。

今天，巴塞隆納開滿玫瑰，
那我，嘻嘻……就用粉紅玫瑰酒開始這一天吧！
聖喬治節快樂。

巴塞隆納的「想不到 s」。

到達巴塞隆納的第一天,已經很晚了,又累又睏的推著行李,找到了住處,想不到,樓下竟然全是街友。很神奇的是,經過 20 天後,這些街友,竟然就像是樓下的鄰居,偶爾回來還會帶一些好呷咪啊跟他們分享。

想不到這輩子可以看到聖家堂兩次!

醃漬橄欖一直很難接受,想不到,20 天之後,竟然發現這些小橄欖的真實身分,是一個個小拉炮,在嘴巴裡,歡迎我來到西班牙。

想不到我每次吃伊比利火腿,都會閉上眼睛,甚至在陽光下,享受被她打臉的喜悅;豬裡面的雅痞、豬裡面的淑女、豬裡面的貴族、豬裡面的公主。

優雅的廣場、優雅的陽光、優雅的西班牙海鮮麵,想不到常常要搭配地上傳來的優雅的尿騷味。

夜晚啜飲的超好喝西班牙紅酒,想不到一瓶台幣 90 幾塊錢。

記得才剛來而已,想不到明天就要跟西班牙說再見了。

Adios,Barcelona.

Me gustas tu——

(再會,巴塞隆納。我愛你——)

荷蘭。

有一刻，站在梵谷的畫前，覺得他好辛苦；

那個晚上給了自己一個選擇題：

「想當一個生命中有點小成就而開心的人？

還是一個燃燒自己，可是沒人懂，死了以後，卻活在每個人心裡的人？」

浩把拔、臭寶、QN
流浪對話

后后，阿姆斯特丹，哇來啊啦，哈哈——
哩賀，我新來的，請多多指教，呵呵。
趕緊來中央車站拜個碼頭，
真的是拜碼頭，
而且一出站就到處是碼頭，
水都就是水都，被水緊緊懷抱著，
懷抱出一種柔情萬千、
懷抱出一股濃濃中藥味、
也懷抱出一顆顆小小冰雹歡迎大家光臨。
咦？
前面……怎麼……一片紅燈，
好迷濛……好刺眼……討厭，
到底在幹嘛啦？我先去看看再跟大家報告。

「橘」起你的雙手，讓我們歡迎
國──王──節──
荷蘭皇室姓「橘」，
國王的生日 4 月 27 日，
嘻嘻，就是今天，
所有人都慶祝國王生日，
每個人都把橘色穿在身上，大橘大麗。
整個城市變成一個橘色樂園，
真的是「整個城市」。
街道都封起來，在路上開起露天派對，
真的是路上，或在運河開私人派對；
廣場有小朋友在拔河、坐瘋狂旋轉飛高高、
轉很慢小小摩天輪；
橋上有人在吸氣球，真的是吸氣球，
然後一直笑一直笑，
哈哈哈哈，真的超好笑，
吸氣球一直笑，這是什麼慶祝方式啊，
但是在旁邊看超級好笑的啦！
還好，我個人可以喝一點點酒，
不然一路上沒有賣酒精以外的飲料，
也太麻煩了，哈哈……
家裡面的東西，都可以拿出來擺在路邊，
等待有緣人來把它買走，
像恐怖洋娃娃、穿過有腳臭的鞋、拉到沒半根弦的小提琴，都可以，
沒有人會嫌棄。
好瘋狂、好快樂的節日，
我又受教了，國王節，越快樂的人越贏。
祝大家都是生命的贏家。

越快樂的人越贏。
祝大家都是生命的贏家。

18 禁，紅燈區。
真的是我對阿姆斯特丹最好奇、也最想去的地方；
坐地鐵到中央車站，
出站之後往前走個五分鐘，
左轉進小巷子，就是了；
或是出了巷子，運河旁邊的一個個小櫥窗，
全部都是獨立工作室。
櫥窗上面會有紅燈，燈亮表示有上班，
櫥窗裡有椅子，
他們坐在椅子上打電話、玩手機、抽菸、隨音樂搖擺，
或用眼神說話，
覺得喜歡就敲門跟她商量，談妥了，
就把窗簾拉上，馳騁慾望。
大部分都是穿著丁字褲和內衣，
也有就只穿幾條緞帶的，
身上幾乎都有刺青，
歐洲人臉孔，政府立案。
呼，進窄巷是最臉紅心跳的！
PS. 不可以對著他們拍照。

今天去「燃燈」（Zaandam）看風車。

從住的地方，坐地鐵轉火車；

耶，是兩層樓的火車耶！

呀呼——

全家人都好開心哦，

父慈子孝的一起奔向火車的二樓。

光陰似箭，出站。

哇！眼前的建築，每個窗台都椎間盤突出耶，

但是看起來還是歸檔好好，好腰力。

繼續往前走，一條直直的戶外購物大道，

中間有水流過，一派悠閒，

照理說，盡頭就會看到很多風車了，

耶，結果是……

一個都沒有。

嘻嘻，很簡單，

找錯地方了，不是 Zaandam，

是 Zaanse Schans，

兩個地方的差距是 Uber 600 元。

16:22，終於到了，剛好有看到風車

16:30 下班，哈哈。

什麼？你問風車到底是用來做什麼的？

雖然我沒能進去了解，

但是以往的旅遊經驗告訴我，

應該是這裡很熱，

所以村長就為村民蓋了很多風車，

整個村子就舒服了，

即使後來人類發明了冷氣，

但是村民為了紀念村長，

就讓風車繼續留著，

荷蘭

有時候風車轉得特別快，
就表示村長回來看大家了。
好感人的風車啊。

旅行，會把人打開——極限運動。

「把拔，我上不去！」

「你可以的，撐住！」

「可是我快掉下去了。」

「撐住，臭寶抓住把拔，不要放手，千萬不要放手
啊，Qn 妳抓住妳哥。」

「啊⋯⋯呼⋯⋯呼⋯⋯呼⋯⋯啊⋯⋯」

所有人都不看好我們，但是我們要證明給自己看，
別人順便看。

「啊⋯⋯伊⋯⋯呼⋯⋯」

「耶，我們成功了，太棒了，耶！就說我們可以玩
極限運動的吧，哈哈。」

「耶，把拔，我們成功了！」

「很好，把褲子穿好，休息一下，再挑戰一次。」

「好耶，最愛把拔。」

危險動作，請趐酌模仿。

2017 / 05 / 04

運河，是阿姆斯特丹竄動的血液；
電車，駛出阿姆斯特丹激情的線條。
來坐電車吧，噹噹噹！
咖打招的速度，舒適的瀏覽這個城市，
看看人、看看運河、看看房子。
荷蘭人真的很會蓋房子，金水！
而且什麼人蓋什麼房子，
全世界平均身高最高的荷蘭人蓋的房子，
也是瘦瘦高高的，
重點是屋頂，
跟人的髮型一樣，有平頭、尖頭、自然捲、
法官頭、獅子頭、中分、半屏山……
不得不說，
他們的小便斗也好高啊!!
每次尿尿，都要踮腳尾，
不然——就會碰到。

一個個圓滾滾、肥滋滋的小橘橘，
看了真想往他們的臉蛋——捏……下去。
像坐在娃娃車上的小朋友，
被阿北揹了出來，
他們一個一個小小的、小小的，
在老教堂的廣場上，
開心的大笑，咯咯咯咯咯咯咯咯……
揹娃娃車的阿北，也是圓滾滾、肥滋滋的，
浮誇的翹著屁股，
像在臭屁說：這是世界上最快樂的工作，
甚至有幾個已經是 80 幾歲的阿公了，
還在年輕氣盛的給這些小橘橘飛高高哩。
「吃我、吃我。」他們說。
「吃我，然後我們一起咯咯咯咯咯咯咯的笑著……
咯咯咯咯……」
咯咯咯咯……
難得可以在這邊一起咯咯笑，拍張照吧！
1……2……3……
say: Chee——se.
咯咯咯咯……

怎麼花開成這樣啦！
一台一台的遊覽車，
把來自全世界愛拈花惹草的人，
載來這個全世界最大的花園——Keukenhof。
一進花園，你會聽到他們講話很大聲。

「你摸摸看我這個紅色花瓣，怎樣？是不是熱的？
真正的紅色是帶血液溫度的，你等等，我先跟他們拍照。」
紅色鬱金香講話很熱血。

「你確定我是黑？看清楚來，對，沒錯，
我是黑紫色，黑中帶紫才會逼出絲絨感，
你敢再看久一點，我會把你捲進我神祕的漩渦裡。」
黑紫色鬱金香很像伯爵。

「嗯嗯，好害羞哦，雖然不習慣那麼多人，但是自己一個花躲起來開，
美麗的好孤單、美麗的好浪費，但是，嗯嗯……好害羞哦……」
粉紅鬱金香有點神經質。

「短短的春天，就短短的春天……我要每天都最美麗、最幸福。」
白色鬱金香整天披著白紗，哼著結婚進行曲。

他們真的很吵，讓春天熱鬧滾滾的，
我找了一個沒人的角落，
換上泳褲，準備跳進這片花海裡游泳。

喂，我在這裡啦——
最上面最上面這裡啊，我在盪鞦韆！
別人盪得那麼悠哉，
我怎麼一直叫一直哀號！
啊啊啊……
哇哇哇哇……
腳底跟膀胱都超癢的，
腳下風景無限美麗，卻無心欣賞，
只覺得座位好滑，
超怕他盪鞦韆變溜滑梯的，
哇哇哇……
被鞦韆來回盪到體制邊緣又被拉回來，

我是阿姆斯特丹不安的天際線。

呼，終於停下來了，
還好樓下就是高空酒吧，
來喝一杯壓壓驚，
如果待會不小心喝多了，
再上來盪鞦韆，一定馬上醒酒，
這誰想到的，金促咪，嘻嘻……
蝦密，今天星期一！

2017 / 05 / 10

下次何時見面？
妳說別問，要我跟運河一樣，流進妳。

遊覽船上的解說，一直吐嘈妳：
「您看，這房子如此的典雅，卻都傾斜了！」
哈哈，不說還沒注意，運河兩旁好多房子，
有喝醉的、歪腰的、站 37 步的……
「右邊這個建築，蓋得太醜了，荷蘭人都笑它
是阿姆斯特丹的假牙。」
「抬頭看眼前的鐘樓，雖然它是鐘，卻怪怪的，
不準時，敲鐘也是不定時的，所以荷蘭人叫他
傻傑克。」
運河載著遊覽船，也載著

離愁。
「留下來過夜吧，」妳說。
換上睡衣的妳，任誰都無法拒絕的邀請，
也就放蕩。
「就今晚，明天我就要離開。」
我說不出口。

荷蘭

T

Y

義大利。

佛羅倫斯的一個早晨，醒來之後，突然有股強烈想畫畫的欲望，

然後就在窗前，畫了很久，內心好平靜。我想著：

「一定有很多人，被這個城市召喚去做很多事情，自己從來也沒有想過的事情。」

浩把拔、臭寶、QN
流浪對話

2017 / 05 / 12

已經連續過了半年的冬天。
終於，來到了氣溫高達 18 度的國家，
泳池裡的水雖然還是 8 度，來不及換季，
那有什麼關係！
我就是要換上我最愛的這件「衣服」啦，
哈哈哈哈……哈哈哈哈……
呼……呼……好冰好冰好開心，耶！
今天待在游泳池就很滿足了，嘻嘻。

義大利

一開始，我們懷疑歐洲人為何如此享受太陽，
現在，我們竟然在他們坐著享受陽光的廣場上，
躺平。

橄欖，從來不會出現在我們的食物清單裡，
巴塞隆納之後，冰箱裡面沒有冰個幾瓶橄欖會沒有安全感。

日常的生活，都是從熱美式開始，
義大利的生活，早晨會起來煮義式濃縮咖啡，
在義大利，潛意識會想濃烈一點的存在。
生水不能飲嗎？
佛羅倫斯的房東的妹妹跟我們說，他們從小喝到大，
我在第二天之後開始這麼喝，之後，全家人都喝佛羅倫斯的生水，
真不可思議。
好多好多流浪教我的事，都好奇妙啊！

在義大利，
潛意識會想濃烈一點的存在。

巷與巷 弄與弄
拱橋下
運河又運河
教堂 大廣場
在海上
漂泊

運河上滿滿的計程船、水上巴士、貢多拉、快艇，
駛出交織的舞步，圍著這位超級巨星轉啊轉。

曲終人散，觀眾都走了，
總是有幾個找不到出口的，不小心走到後台，
看到她卸妝之後的樣子，
驚覺，巨星也會疲憊。

於是，小小聲的把門關上，
在心裡悄悄的跟她說聲
「辛苦了，謝謝妳帶給大家的一切。」

義大利

2017 / 05 / 16

從前從前，在佛羅倫斯這個地方，
有一條阿諾河，阿諾河上面有一座老橋，
老橋上，有好多好多美麗的小房子，
遠遠看就像是吸在冰箱上的磁鐵。
這一天，橋的不遠處，來了一對夫妻，帶著兩個小孩
「哇，好漂亮哦，橋上還有房子耶！」
就在這個時候，
出現了一個戴著墨鏡蓄著鬍子捲髮藍襯衫羊毛背心的阿北，
阿北！？
喂，麥鬧啊啦，
阿北，這個童話故事沒有你啦！
吼呦……

2017 / 05 / 22

跟這些義大利男生比帥，
弄得我好累好累，
一直到後來在廣場上遇到一隻獅子，
我才又重新找回一點自信。

佛羅倫斯大牛排,阿嘶——

距離上次的大牛排,整整七年。錯!七年多。

常常坐二號公車,就在二號公車靠近佛羅倫斯中央車站下車處,

每次路過它總是高朋滿座,一定要來試試看。

下午茶時間,3:22PM,店內六分滿。

他們家的酒單,用看的就可以微醺,

而菜單有一頁,乎郎足甘心せ。

平常,你要吃到佛羅倫斯丁骨大牛排,一定是一公斤起跳,

這邊竟然有 0.5 公斤的 7 骨牛排,

丁的一半是 7,所以丁骨牛排的一半就是 7 骨牛排,

不用擔心分量太大,足甘心せ啦!

而且價錢合理,19.5 歐元,大概 660 元台幣。

你知道嗎?我跟店員提出了很過分的要求,

因為我只想好好品嚐這個七年多不見的牛肉,

所以我們全家人只點一份。

他竟然答應。*Grazie*!(義大利文,謝謝)

這麼好的店家,我也上道的開了一支好酒。

一開始,侍者秀了一手三個酒杯醒一口紅酒的絕活,

然後,7 骨 牛 排 來 了 。

叉子插入第一下之後,我好捨不得再插第二下,

因為每插一下,都會有肉汁「湧」出來,

真的是「湧」。

然後,肉的部分分了好多部位:

瘦肉,光是瘦肉哦,就好像邊吃邊喝牛肉湯,

齒切感是秋天的風,輕鬆愜意;

瘦肉帶油花,會讓人起貪婪之心,因為那樣的香氣太撩人,

是美女擦肩,留下身上的體香,讓人不禁回頭目送她的背影;

瘦肉帶筋的,咀嚼的過程像小朋友走路,

不知不覺就會變成愉悅的彈跳;

邊緣上層烤到微焦的,突然的酥脆,

給了一點點苦味之後馬上調皮的逃走,稍縱即逝的驚嘆號。

這中間過程，我是邊搖頭邊讚嘆邊塞肉進嘴裡，

但是如果你很認真的追尋這個氣味，

你會知道，這個時候我的瓷盤上，

對，是滿滿的肉汁，

嘶──我嘟嘴一口氣吸光，

旁邊的人儘管笑我吧，我才不在乎，

這是尊敬這塊神聖的肉的最好典範；

旁邊有三碟醬汁，

呵呵……這般級數的牛肉哪需要蘸什麼醬，

你當我……

喝！！不小心一塊肉掉到灰色的醬裡頭，

天啊──

他……這……主廚……太過分了……

竟然用松露當蘸料，是想怎樣啦！

最佳女主角有兩個人，得獎就是在說佛羅倫斯牛排蘸了松露醬。

滿滿的悸動，滿滿的感激，

謝謝把身體奉獻出來的牛們，雖然很抱歉的你們沒有其他選擇，

也謝謝這些廚師們，沒有糟蹋他們的犧牲。

到現在還在激動，佛羅倫斯大牛排，*Grazie*！

謹以此文獻給在生活中默默貢獻一己之力的辛苦的你們。

來哦，大家跟緊哦，
前面就是佛羅倫斯的中央市場了。
菜市場有菜味，
而佛羅倫斯中央市場的專屬氣味是「皮」，
對，就是個「皮味」，
聞到這個皮味，會打開你血拚的脾胃。
「這個沒辦法不買了啦！」
流浪家族逛街的準則就是「不、買、東、西」，
BUT!!!!!!!!
寶貝魚在第一攤就昇華準則了，
沒關係，這都沒有關係──
準則就像玻璃杯和紀錄一樣，都會被打破的。
這裡的皮包、皮夾、皮手環、皮帶、皮拖鞋、皮涼鞋，
都蓋有佛羅倫斯的徽章，
是他們驕傲的血統，會發光的身分證，
而且這個章，蓋得還真不小，
但必須說，有道理，
百貨公司精品的水準，在市場裡面拋頭露面，賤價拋售，
蓋得太小，人家會說太矯情。

安捏賀，給大家自由時間 2 小時！

2017 / 05 / 23

今天下午我才知道，
原來小木偶皮諾丘是義大利人，
而且，我在巷子捕獲他本尊耶！
像個粉絲一樣的上前要求跟他合照，
他非常有親和力，
後來我們還聊了起來。
他說他在還沒有變成真正的人之前，
鼻子常常一下子長、一下子短的，
沒有辦法擁有自己想要的鼻子的長度，
真的讓人很沮喪，
所以後來他變成一個真人之後，
他就誓言要為全世界面臨一樣困擾的人，
量身訂作一個「完美鼻子」。

果不其然，經過多年努力，

小木偶現在是全歐洲整形外科的第一把交椅，

大家都叫他 Dr. Nose，

他還給我看了他好多好朋友的 IG。

吃過毒蘋果的白雪公主現在是某食安協會的技術指導長；

被大野狼吹倒房子的兩隻小豬，

現在是建築公會的理事長跟顧問；

睡美人是某知名品牌寢具的冠軍業務員；

放羊的小孩發明的測謊機，準確度高達百分之 94.87⋯⋯

「我們都從童話的傷痛中走出來了，而且走的很好，

ciao（再見）。」

小木偶帥氣的轉身，走進他的書本裡。

義大利

嘻嘻……你猜我跟義大利阿北在幹嘛？

一個草地斜坡，兩咖塑膠袋，

就讓臭寶跟 Qn 在那邊滑草滑到咯咯笑個不停，

旁邊一個義大利阿北也邊看邊笑，

突然他玩心大起，

過來跟我借滑草神器──塑膠袋。

他老人家也想玩，

這個時候她老婆跳出來制止，

指著她老公的腰跟我講了一大堆義大利文，

叫我別借他。

抱歉，我聽不懂義大利文，

我拿起其中一咖塑膠袋給阿北，

自己也拿了一咖，指了指斜坡，

阿北秒噴賽車手魂，飛奔至斜坡上，

最絕的是，他老婆明明剛剛還制止他，

想不到下一秒瞬間變身賽車女郎，

在我還沒準備好的時候，

她就偷吃步的喊：

UNO! DUE! TRE!（1、2、3）

就這樣，我跟阿北大戰了三回合，

哈哈哈哈……

一個難忘的義大利午後時光。

昨天去巴傑羅博物館看雕刻作品，
有些學生在作品前畫畫，
沒想到，今天早上一起床，打開窗戶，
竟然有一股強烈的欲望也想畫畫。
這是我佛羅倫斯的家看出去的景象；
畫畫過程中，有幾個自己很開心的時刻：
右上角那隻鳥在我畫天線時突然飛來，
還一直展開翅膀，好像要我畫他一樣，
哈哈……
同時間，有一個阿嬤打開窗戶，
探頭探腦，肢體語言豐富生動，
感謝阿嬤的友情客串。
而我最喜歡畫的，就是那些瓦片了，
一個一個像波浪，畫的時候心裡好平靜。

老實說，這樣的畫要分享真的很需要勇氣，
哈哈哈哈，可是我真的太開心了，
我在佛羅倫斯遇到小時候愛畫畫的自己，
耶──

我在佛羅倫斯
遇到小時候愛畫畫的自己。

2017 / 05 / 26

那天，看到你們在把拔的畫上面，
停不住的加上幾百筆，我在一旁暗自偷笑。
臭寶喜歡星際大戰的戰艦，
所以有天早上我就畫了三台飛行船給他，
他第一時間就用外星人填滿空白；
隔天，我在客廳打開窗戶寫生，
臭寶馬上畫好多鳥鳥在房子前快樂的飛，
而且有一隻是他；
Qn 則讓房子有了頑皮的表情。
今天早上，我又畫了窗前的一棵大樹送他們，
他們兩又畫了……

義大利

畫這什麼啊？哈哈哈哈……
我們在圖畫裡，用色彩開心的對話。

哪一天啊，我是說哪一天啦，
如果你們跟把拔鬧翻了，
然後我們彼此都不講話很久很久，
那把拔就畫一張圖，
然後，你們，像現在這樣，
也畫上你們想畫的，
然後……我們就和好了。
好嗎？

好喜歡好喜歡逛市場。

我有仔細想過，

為什麼逛市場是一件這麼開心的事情，

或許是當眼睛所看到的一切事物都是食物的時候，

會喚醒人類的初衷──

只要填飽肚子，就等於填滿所有慾望，

從此就過著幸福快樂的日子了，

嘻嘻……真好。

那天我在中央市場的室內市場的第一家店，

就定桿了一個多小時；

被打開的 10 幾種口味的麵包沾醬和切好的一塊塊小小麵包，等著你試吃，

吃了幾個之後會發現他們各懷鬼胎，

ㄜ……各懷絕技、風格迥異，

每罐都讓人想買，每罐都不想錯過。

老闆也不急，拿出他們自家品牌的松露醬，

哇塞，就一小匙，

松露的香味開始揮發、渲染、竄動、侵略排除其他氣味的存在，

鴨霸！！

馬上說我要買。

老闆他也不急，拿出他們家自釀的紅酒醋，要我先嚐一滴年輕的，

嗯嗯……

奔放的氣味而且很愛嗆聲，很大聲的跟味蕾講話；

接下來有 12 年陳釀紅酒醋，

哇嗚，溫柔婉約的一滴，

屁孩升格人母，中間的轉變讓人讚嘆生命自有安排；

60 年的紅酒醋，

呼，那口味道叫時間，
如果有人問我時間是什麼味道，我就餵他一滴；
「老闆，我買一瓶 60 年的。」
回去，我要跟別人臭屁說：
「你知道嗎？我的錢，可以買到時間！」
還有其他好多好多好棒的店家，
還有二樓熟食區，還有三樓沒上去──
壓力大嗎？逛逛市場吧！

我的錢，可以買到時間！

2017 / 05 / 29

從佛羅倫斯搭雙層巴士，
來到了美麗的山城——Siena（吸爺那），
せ……翻成西耶納好了。
一早八點，打開窗戶，眼前景象讓我停格好久好久，
一直到兩隻燕子直衝我眼前，然後 180 度迴旋離開之後，
我的世界才開始有了聲音——遠方教堂的大鐘，
噹噹噹噹噹噹噹興奮的敲了二十幾下，
所有的鳥被召喚，開始唧唧啾啾的讚揚著生命，
庭園一隻老狗拚了老命用假音喔喔耶耶，
燕子群在淡藍色的天空，跟我的飛蚊尬車，
這山城怎麼一大早就這麼熱鬧啊！

義大利

112

2017 年 5 月 31 日的西耶納山城，晚上 10 點 18 分。

妳幫把拔拍了這張照，

拍的……拍的如何，不是重點，

重點是當把拔接過手機，

跟妳說了聲 *Grazie* 的時候，

妳回了把拔一聲「不累狗」，

妳知道嗎？

把拔得意的笑聲，迴盪在整個山城裡，

好大聲，好大聲啊！

哈哈哈哈哈哈哈哈哈哈哈哈哈哈哈哈哈哈哈哈哈……

「不累狗」是這個世界教會妳講的話。

PS. *Grazie* 是義大利文的謝謝；*Prego*（不累狗）表示不客氣。

西耶納，一座古老的山城，
很久很久以前，就已經長這樣了，
美起來等。
一塊塊磚堆砌成一面面牆，
一面面牆護著一間間房，
屋頂上一片片相依偎的瓦，
是淘走山城歲月的磚紅海浪。
教堂斑駁卻很牢靠，
童叟無欺近千年老字號，
旁邊鐘樓時間一到就大聲的敲，
來喔來喔，大家記得要禱告。
山城的路彎彎曲曲，
連結著路與路中間的小路路，
永遠在你轉彎的第一刻，
哇的跳出來給你驚喜；
房子的眼睛，
很幸運的沒有被鐵窗禁錮了靈魂，
而一扇扇細長的木質百葉窗，
都被刷上鮮綠睫毛膏，
對著路過的人們，嫵媚的笑；
鑲嵌在牆上的鑄鐵扣環，
過去拴著馬車一輛又一輛，
現在倒成了房子的耳環；
你問老城裡的人住哪裡？
他們回答：長頸鹿區、噴火龍區、蝸牛區、
蠶寶寶區……
老山城，真是美麗，阿嘶……

米蘭，有一隻公牛，
相傳只要用腳後跟踩在牠的蛋蛋上轉三圈，
就可以過著幸福快樂的日子。
一個冬天的早晨，有一對情侶，
趁著所有人都還在睡覺的時候，
跑去踩公牛的蛋蛋，
而且，是手牽手一起踩蛋蛋轉圈圈。
「有妳的未來，才是幸福的。」
「握著你的手轉圈圈，真的好幸福喔！」
「我們要一直幸福下去哦。」
「當然，來，讓我們多轉幾圈吧！」
幸福的倆人一直轉圈圈、一直轉圈圈，
轉到旁邊慢慢擠滿了人，
轉到牛的蛋蛋破皮。
後來，他們兩個就結婚了，
只是各自跟不同的對象結婚罷了。
過了好久好久、好久好久，
他們又一起出現在公牛前。

我們一定要
一直幸福下去喔！

「準備好了嗎？」
「嗯嗯。」
「耶，我們一定要一直幸福下去喔！」
「耶！」
他們終於又再一次幸福的轉圈圈了，
只是，這一世，他們變成了父女。

米蘭大教堂。

我小學三年級開始學珠心算，

到了六年級，終於拿到心算五段、中部五縣市龜嵩盃心算第四名。

高中三年，沒日沒夜的讀書，

終於考上理想的大學，還拿到獎學金。

把五年的積蓄全部提出來借人，

對方還是不開心。

偷偷寫了一年半的書，

連拿來墊熱鍋的機會都沒有。

米蘭大教堂，

從 1386 年開始建造，1960 才正式完工，共 574 年。

那些曾經自己覺得很怎麼樣的曾經，

和哪些自己曾經覺得有些委屈的曾經，

在大教堂面前，

在 574 年面前，

突然變得好小好小，

甚至有點愚蠢，有點可笑。

我看到了偉大的教堂，也看到了一個小。

2017 / 06 / 06

這家店，我連續去吃了三天。
在米蘭大教堂旁邊的大巷子裡，
店內的牆上，掛著一支支像精品的火腿，
桌上放兩個很粗獷的碗，
店員把紅酒倒進碗裡面的時候，我開心的笑了，
小時候我阿公也都是這麼喝酒的。
第一天來吃，發現他的菜單上面畫了豬的各個部位，
而且還可以點一盤綜合的，如獲至寶，而且好好吃。
牆上的火腿說話了：不是只有伊比利豬好嗎？
第二天再去，想要好好品嚐每個部位，
卻怎麼也無法記得哪片肉對上哪個號碼，
牆上的火腿說話了：就開心的吃吧，再來碗紅酒嗎？
第三天，呵呵，想好了策略，先寫號碼牌，
哈哈哈哈……怎麼那麼聰明啊我！
喂喂喂喂，等一下啦，拔還沒吃，
ㄟ，不要搞亂我的號碼啦！
孩子們餓了，我在亂軍之中，搶救出幾個肉質，倉皇的寫下他們的特色。

1 沒有太多脂肪 、微微帶筋、細細散發、
有吃到類似網狀纖維，口感像鮪魚瘦肉。
4 邊緣極富立體感，類似含人參片，即使薄仍覺得厚度。
7 俏皮的口感很有彈性，因為是臭寶最愛，就只吃到一小口。
10 最熟悉的口感跟氣味，像早餐店火腿三明治裡面的火腿。
3 香氣濃，最後殘留一小塊筋，回味無窮。
9 肥滋滋，很有喜悅感，豬肉特有的油脂豐美，溢出來，
有像三層肉的第二層的感覺。
8 乳化的口感，跟海鮮一樣、木質氣味。
6 鬆化、瘦肉感十足，裡面角色性格最鮮明，
因為油脂是最少的，像個修行者。
5 波菜氣味，頗紮實的厚度肉乾，筋較多，偶爾有小塊脂肪被口
腔溫度融化開來。
好多都想再多吃一片，多吃出一點細節，可惜手腳慢了。
牆上的火腿說話了：明天再來啊！對了，我叫 Salumi Parma，
啾──啾──
說完往我的臉頰親了兩下，我整個油亮了起來。
我想⋯⋯我應該會再來一次，哈哈哈哈⋯⋯

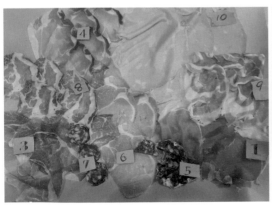

2017 / 06 / 07

帶著兩個小朋友一起流浪，
想要按表操課，幾乎是不可能，
除非，神來一筆。
「你們看，前面就是米蘭的運河哦。」
「把拔，我想回去了。」
「我們才剛到而已，而且這裡這麼漂亮。」
「可是我的腳很痠耶。」
「妳一下電車就腳痠，太誇張吧！」
結、屎、面。
「那我們不要用眼睛看運河，我們用手看，
用手看很厲害哦，你們看把拔的手！」
……
「哇，好厲害，我也要！」
「我也要我也要我也要我也要……」
「好好好……一個一個來。」
……
「好了，你們喜歡嗎？」
「喜歡。」
「那我們一起幫手指流浪家族拍張照吧！」
「1、2、3，耶！」

義大利

米蘭中央車站附近，找到一家好吃的三明治。

「臭寶你看他的手！」

「哇塞，都是刺青耶！」

「把拔也可以哦。」

「？？？」

「但是你們兩個要幫把拔，可以嗎？」

「嗯嗯！」

「來吧。」

來吧，義大利男人，這次我們就不比鬍子啦，

我們來比刺青！

你的刺青很好看，

我的刺青獨一無二，

嘻嘻……

那就當做平手囉——

只能說高手過招、高手過招啊！

義大利

米蘭的中央車站吃晚餐，
下面就是從很多地方來、
然後又要去很多地方的火車，
跟明天就要離開義大利的心情，很搭。
用餐完畢，你認真的畫畫，突然抬起頭：
「拔，我跟你說一個故事哦，有一隻獅子啊，
牠悄悄的靠近一隻馬，要把牠吃掉，
旁邊的公雞看到了，就大聲的咕、咕、咕⋯⋯
把那隻獅子給嚇跑了，
結果那隻馬看到獅子在跑，也跟著拚命的跑，
跑得超快，還追到那個獅子，
然後獅子轉身，就把馬吃掉了。」

你知道嗎？這是拔第一次聽到這個故事，
拔有點被你驚到了，
就像我們第一次到巴塞隆納海灘，
你第一時間就唱：No woman no cry⋯⋯
No woman no cry⋯⋯
你五歲的時候就知道海灘很適合唱雷鬼歌曲。

深夜，你近乎哽咽的說：
「再見了，我會再把你們組回來的。」
語畢，拆解你的樂高成品，裝進夾鏈袋裡。
再見了樂高城堡，再見了，義大利，*Ciao*——

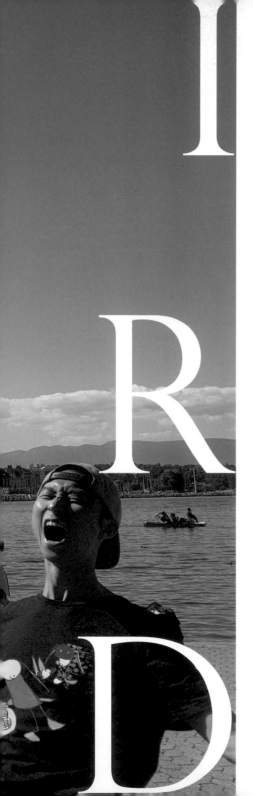

I

R

D

瑞士。

有一天從瑞士坐公車出國到法國，才發現他們之間並沒有隔一條線，

出國在無形之中；哪一天，哪一個人，可以改變這世界，

我希望他可以把地圖上那些國與國之間的線，全部擦掉。

浩把拔、臭寶、QN
流浪對話

好多「第一」。

今天搭火車，出國；

「第一次」出國是搭火車的，心情像現撈仔一樣青；

帶著四咖行李的我，在上火車前一刻，

突然出現小天使，主動問我需要幫忙嗎？

我來不及回答，但是我的腰猛點頭，

好熱心的人，在幫我處理行李之後，

他好帥氣的一個轉身，跟我要錢，

哈哈哈哈……

我也是有心理準備的，

身上沒有半點歐元，只有下一個國家的錢，

就這樣「第一次」的使用了這個國家的錢幣，

也是我自以為是的認為是我看過「第一」美麗的錢幣，

每一張鈔票，都像是雜誌的封面。

車程大約四個小時，上車到下車，沒有人來檢查我的護照，

奇怪？我不是出國嗎？竟然不用檢查護照？

到位了，這是我「第一次」造訪這個國家，

也在出火車站「第一」時間，就被車陣給困住了。

終於到了民宿，像個板凳被叫上場一樣興奮，

因為這是大便淑女隊「第一次」住有陽台的房子，

哈哈哈哈……這個笑是一種自豪，

因為我發現可以用三個字精準的描述我的陽台看出去的景色，

這三個字就是：施工中。

哈哈哈哈……精準又不矯情，

什麼？要濃縮成兩個字，

沒問題，聽好了，就是……鷹架。

我怎麼那麼會形容景色啊！

上餐廳，點了一碗台南牛肉湯大小的在地特色生牛肉、
一個沙拉、兩杯紅酒、一瓶水、兩瓶水蜜桃冰茶，
換算台幣 2500 元！呵呵，目前吃過「第一」貴的國家。
Bonjour, Genève!（你好，日內瓦）

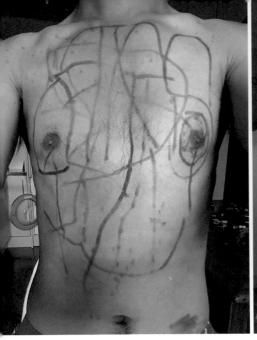

今年生日，星期一；

三個願望也許不到一杯紅酒，只好自己找樂子。

「我們來畫畫吧！」

「耶，好耶。」

「但是這次我們畫在身體，拔畫你們，你們畫拔。」

「好！」

「呵呵呵呵，好癢，呵呵……這裡很癢啦！」

「好了，非常好看，來！Qn妳下面要穿襯衫比較正式，然後一人一頂帽子，嗯嗯……完成了，幫你們拍張照，1、2、3……」

不能酒精，只好叫你們綵衣娛親，

孩子，謝謝你們，這是拔偷偷跟你們要的禮物，

你們讓拔生日快樂多了，

嘻嘻————

今天，去拜訪「斷腿的椅子」。
他看起來像個巨人，三條腿很霸氣的站在廣場上，
我走近他身邊，他叫我先幫他撐一下，腳有點痠。
之後他告訴我他的故事——
小時候，我跟其他的小椅子，整天往沙灘跑，
老人家常說海水別泡太久，
畢竟我們是木頭，腳會爛掉，
嘻嘻，根本沒椅子要聽，
結果有一天，我的腳就爛了，
不是被海水泡爛的，
是踩到沙灘上的一個地雷炸爛的！
我真的不知道你們人類在想什麼，
沙灘上應該要放排球，怎麼會是地雷呢？
但是我也沒在怕的，我依舊堅強，憑著意志力，
長成現在的身高，要大家遠遠的就看到我，
提醒大家沙灘上多放幾顆排球，
如果還是想打仗，來！我三腳哥隨時奉陪！
兄弟們，開戰了，來一場轟轟烈烈的水仗吧，
哈哈哈哈哈哈哈哈……

法國一日遊。

今天，用瑞士法郎 3 摳（93 元台幣），

坐公車，從瑞士「出國」到法國，

嘻嘻嘻嘻。

坐公車出國感覺好自由哦，

連跨越一條線都沒有，就從瑞士來到法國，

原來分隔線是在地圖上才看得到的，

而且才 30 分鐘就出國了，

我內心一直澎湃的說：「哦，阿娘喂……阿那阿捏那阿捏！」

表面還要裝沒事，一種執著的帥氣。

下公車之後，要轉火車，

有一小段路才能到火車站，

沒有路標只能問路人，

結果那位女士竟然帶了將近 20 分鐘的路，

引著我們來到火車站前，

離開前還歡迎我們來到法國，

真的好謝謝她，

我在法國失去網路的同時，連結到一顆美麗的心。

一小時的火車，來到了「安錫」，

就在某個轉彎之後，我明白了，

為什麼她會被稱為全世界最美麗小鎮前 20 名之一，

如果威尼斯是個用盡生命嘶吼的搖滾硬漢，

那安錫就是拿著吉他在下課時間彈唱著情歌的硬漢小時候，

只要談戀愛不用吃便當。

回程路上一直想，

我算哪根蔥可以出國去法國玩，

就像我在石牌的時候騎摩托車上陽明山？

謝謝天公伯，謝謝世界。

連跨越一條線都沒有，就從瑞士來到法國，
　　原來分隔線是在地圖上才看得到的。

真希望夏天的每一天，
　　都可以撥個時間，
　　來隆河漂漂河啊漂漂河……

夏天的日內瓦，整個城市變成水上樂園。
這裡的人全部都是穿沙灘褲、比基尼，
全部都是跟我同星球的人種，
大聲的跟他們喊了一聲 Watarr……
咚！！
就跳進隆河裡，
我在隆河漂漂河、我在隆河漂漂河啦——
一身的暑氣瞬間消失，
眼前的景色不停流動，漂流再漂流，
雖然只是短暫漂流，
卻發現隆河這傢伙比我想像厲害得多，
他老兄不管流到哪裡，
就是一直往前衝，
沒有任何一滴回頭，
一生的信念就是往大海去，
生生世世的往大海去，
連一滴都沒有後悔。
我好像知道了什麼的時候，
他說：「上岸吧，你的嘴唇發紫了。」
一上岸，我用力的擁抱我一向憎恨的夏天。
真希望夏天的每一天，
都可以撥個時間，
來隆河漂漂河啊漂漂河……

PS. 玩水請注意安全，不然在家沖涼就好。

今天,在路上走路,走著走著,一個不小心,
就出國了。
這是我第一次出國,卻不知道自己出國。

事情是這樣的。
本來就只是想帶小朋友坐纜車,
纜車從山下旱地拔蔥到山上只花了三分鐘,
一出車廂就是海拔 1095 公尺,
是夏天到秋天的距離,
山下日內瓦風景盡收眼底,
這般景色一定要給他看到一個理所當然才能善罷甘休,
於是選了一個纜車站旁邊的餐廳坐下來,
點杯果汁配美景,
就在打開菜單的時候,
發現不對勁,一切都不對勁,
這個價錢不是日內瓦,絕對不可能,
馬上打開地圖,這才發現,
我!出!國!了!我!又!到!法!國!了!
本來這一整趟旅程,是沒有安排法國的,
沒想到賺到兩次法國一天微出國,
我望著山下的日內瓦,
想著歐洲人的「我要出國去渡假幾天」,
就只是我們的「我去樓下便利商店買東西,要幫你買什麼嗎?」
那麼平常。
還有剛剛纜車看下去的山,
被挖得坑坑洞洞的,他們也是用來養魚嗎?

丹麥。

臭寶跟 Queenie 最愛的兩個國家其中一個，因為有樂高。

來到這裡才知道，好好打造一座公園，

對於國民日常生活是多麼重要的一件事情。

浩把拔、臭寶、QN
流浪對話

兩個小的一進樂高專賣店，就是 long stay，
還好只開到六點。
一出店門口，被一個天籟之音給吸引住，
那聲音聽起來就像漣漪，是水滴滴進沉默不語的湖，
漾進耳膜在心谷共鳴，
是一個亞洲臉孔玩著像炒菜鍋的樂器。
「摳你吉娃，」他演奏完畢，我拍著手向他問候。
「I am 安妞哈誰呦。」
哈哈哈哈⋯⋯
兩個亞洲人在丹麥街頭進行的奇異對話。
他說他帶著他的炒菜鍋流浪了 7 年，
音樂是他愛人，跟愛人浪跡天涯。
街頭的日子，
有時候得到的報酬覺得自己是個有錢人，
更多時候，「I am very hungry」他笑著說。
他今年 32 歲，開始流浪的時候是 25 歲那年，
這 7 年的故事我好想聽他說說，
可他還要為晚餐賣力的敲打著，
好像頻率調成一樣了，
他說要為我演奏一曲〈阿里郎〉。

今天在哥本哈根的街頭，
遇見一個帶著音符浪跡天涯的傢伙，
一個我最初想像自己流浪的樣子。

今天在哥本哈根的街頭，
遇見一個帶著音符浪跡天涯的傢伙，
一個我最初想像自己流浪的樣子。

感謝我們台南的佩珊，

沒有她的即時告知，我一定錯失了這個，

好好玩好好玩的「北歐仲夏節」。

用這個節日告別漫無止境的黑暗和寒冷，

迎接陽光的來臨。

太陽要來真的會很興奮耶，

我在京都面對無面閃的冬天，就是這麼想念著太陽。

我選擇了一個社區的公園，

丹麥的公園很性格，每個都不一樣，

小孩到這裡，會自動轉換放生模式，

小小的他們，在鞦韆上，飛得比爸媽還高，

廣場上 DJ 放著好大聲的音樂，都不怕吵到鄰居，

因為鄰居都在你身旁喝啤酒，或者在旁邊烤麵包；
廣場中間的篝火點燃了，
所有人都忘情的大聲喝采！
燒掉吧，黑暗。
燒掉吧，寒冷。
燒掉吧，人與人之間不必要的隔閡。
在一起多好啊，
就像我們今天聚在這裡這樣，
永遠記得聚在一起的歡樂，永遠記得這一刻，
用我的紅酒，敬在場所有的啤酒。
夏天，是老天爺給他們的禮物，
很公平，每個人都有。

2017 / 06 / 25

跟人家說過，「你眼睛好大」、「你胸肌好大」
但是，從來沒有說過——「你鬍子好大」。
想更精準的跟運河旁邊那丹麥男人說：
「你鬍子好大一片啊！」
然後跟帽子店的紳士老爹說：
「你鬍子好大兩條啊！」
還好我的鬍子在離開義大利的時候就剃了，
不然在他們面前感覺好勉強。
當然，不是每個維京男人都是北海小英雄的模樣，
香水店的那個丹麥男生，
就是我流浪到現在遇到最美麗的男人，
甚至很性感的在鎖骨上，
刺上他女人的名字。

脫歐的英文，是 British（英國的）跟 exit（離開）的結合——Brexit。
Chrexit，是我自創的一個英文單字，
為了記錄大便淑女隊，在 Christiania「脫歐」了一下。
克麗斯蒂安妮亞（Christiania）自由城，一個無政府狀態的國度，
居民自己有一套管理的規則，可以販賣或吸食大麻，有自己的貨幣，
嬉皮主義，販賣硬式毒品會被居民趕出這個國度……
這些是我在進去自由城前，在網路上查到的資料，
我也問過咖啡店老闆娘，是否適合帶全家進去，
她搖搖頭說：I don't think so. 她叫我最好在起點處那裡走一下就出來。
飄著雨，來到入口處，真的有點緊張，
那面綠色塗鴉牆旁邊的小小入口進去，就離開歐盟了，
呼，心跳加速——
再次確認我的防狼噴霧劑放在哪個口袋，
大便淑女隊出發！
就一個入口進來，自由城內的空氣，跟丹麥聞起來就是不一樣，
跟阿姆斯特丹街道的空氣味道倒是很像，中藥味十足。
我整個感官打很開，隨時注意周遭一切動靜；
左手邊先是經過一大幢像廢棄的工廠，
裡頭沒有開燈，可是有人，而且改成了餐廳，沒有政府有餐廳，欣賞。
自己內心好多對白，又刺激又冒險感十足；
再往前走，是一個市集，大概 20 幾個攤位，
賣著牙買加風味的衣服、耳環、水菸斗、無政府國度的明信片、線香、
菸草……

老闆幾乎都頂著編織的頭髮，態度和善，

到目前為止，一切都好。

繼續往前，小路的兩旁都是大麻攤販，

也有像龜鹿二仙膠膏狀的東西，而且我在其中一個攤位的看板上，

看到我曾經在英文課學到的一個單字：Ganja

因為唸起來跟台語的甘蔗很像，所以對這個單字超有記憶點的，

也就是大麻的暱稱。

再往前，一直聽到 Qn 說：馬麻，我也要拿妳的石頭，我也要石頭……

我轉頭，看到寶貝魚右手握得緊緊的，

「這是？」「石頭，以防萬一！」「妳要砸他？」「用丟的。」

為了滿足我的好奇心的妳，辛苦了。

耳朵被雷鬼音樂填滿，

城裡的人在戶外的酒吧一起吞雲吐霧，

還看到一個家，像巴里島烏布的藝術家工作室，

家裡的牆是一隻孔雀，屋頂上坐著好多布偶，

門口有鑄鐵裝置藝術；

也有球鞋店，店面像個藝廊，

還有一個展示空間為西藏贊聲的，進去頭會暈，

還有一間三角形屋頂的倉庫，裡面像關燈的特立屋，

我跟老闆買了一個肥皂，請他找我無政府的錢，

他唸了一堆，才拿出一個夾鏈袋，說一個硬幣 50 克朗，

也就是說 225 塊台幣換一元克麗斯蒂安妮亞元，

我換過最大的幣值。

再往前，就不敢了，我們從另一個出口出去，

看到有一個標語寫著：「你將進入歐盟區。」

雖然只是像走出一個社區公園一樣簡單，卻鬆了大大一口氣。

回來，我想著，即使丹麥獲選全球最快樂國家，

卻有一個在他國家裡面的另一群人不這麼認為，

他們的快樂，自己定義；他們的自由，自己追尋。

PS. 如果你想去看看，記得在裡面不要奔跑，不要拍照，絕對不要拍照。

終於租到這台車了，
各位，Christiania bike（克麗斯蒂安妮雅腳踏車），
竟然跟自由城同樣的名字。
丹麥人很多都用這種腳踏車載小孩，
BUT！
看清楚了丹麥人，我今天不只載著我的孩子，
連孩子的媽我都一起載了，
怎麼樣，你們是不是覺得輸累累啊，
啊哈哈啊哈哈哈哈……
這種腳踏車真的有種魔力耶，
當我看到老婆小孩在籃子裡開心的胡鬧時，
我覺得好幸福啊，心裡只有一個念頭：
我只想一直踩下去，
我只想一直一直一直踩下去——
過了 36 分鐘之後，我正式打消這個念頭，
我的大腿快要爆炸了！
而且丹麥人騎腳踏車像賽馬一樣，
一個一個從我旁邊咻咻咻的過去，
壓力好大啊，
還有一個爬坡我差點就倒退嚕了，算了！
即使可以租 24 個小時，
但是 4 小時已經是我的緊繃了，
其餘的 20 小時我放下，
放下不一定是幸福，但大腿肯定會舒服。

2017 / 07 / 02

「耶，今天要去樂高樂園了！」
這是臭寶今天起床的第二句話；
事實上，今天是樂高主題飯店，明天才是樂園。
飯店的櫃台後面那面牆，全部都是樂高小人，
大廳有一隻噴火龍不噴火在迎賓，
而房間的樂高床頭，
讓我覺得好像進入無敵鐵金剛的指揮艇裡面，
睡著了會去打壞人。
還有一個很有趣的，就是組樂高比賽，
今晚的主題是小丑，每個人組好自己的小丑之後，

就寫下名字放到展示櫃上，明天一大早就會在餐廳前面公布前五名，

可以得到樂高禮盒，

哈哈哈哈……我也參了一腳，

希望明天起床就可以在公布欄看到自己的名字在上面，

像聯考放榜一樣。

老實說，我對這一切，並沒有興趣，

但是孩子一直嚷嚷著好開心、好開心，

才深深覺得，現在的開心，很多時候是：

你們開開心，把拔就開心了。

PS. 臭寶跟 Qn 起床的第一句話都是「我要喝捏捏」。

PPS. 不要說什麼羞羞臉六歲了還在喝捏捏，孩子的爸大二還在尿床，OK？

竟然連一句丹麥話都沒有講到就要離開了。
來丹麥才知道,
原來公園對國民日常生活那麼重要,
才知道家家戶戶都會點蠟燭,
回台灣我也要點蠟燭;
路上的腳踏車騎士要停車都會舉手;
丹麥的豬肉這麼好吃;
買隱形眼鏡前要先花 1500 驗光;
喝酒都喝啤酒;
路燈和紅綠燈都被吊在半空中⋯⋯
我在丹麥最開心的一刻,
就是在廣場上包得緊緊的,
吹著夏天冷冷的風,曬著炙熱的太陽,
達到一個超然平衡的狀態下,
昏昏的睡去,
醒來之後領悟到,北風的故事是要經歷過才知道的。
再見了丹麥,
再見了只能待三個月的申根國家,
多麼美麗的三個月啊!

PS. 夜市好像沒有人賣丹麥熱狗耶,是嗎?
　　我覺得重點就是很多洋蔥丁、大蒜酥、醃小黃瓜片,
　　這個口味台灣人愛,祝大家發發發。

英國。

倫敦，好精采的一個城市、
最想買東西的一個城市、亞洲菜好好吃的一個城市。
曾經有人要我推薦一個歐洲城市，那個時候我的答案是倫敦，
但是我沒有讓佛羅倫斯知道。

浩把拔・臭寶・QN
流浪對話

「別人的阿君仔，是穿西米樂，阮的阿君仔喂，是賣青蚵……」

小時候，阿嬤教我「西米樂」就是西裝，

高中的時候，在空中英語教室裡面讀到，

原來「西米樂」是從英國訂製西裝一條街 Savile Row

同音直譯過來的，

有沒有那麼會做，

做到我們的西裝名稱要用他們的街道名當代名詞！

我決定今天去看看。

其實一路上心情是很雀躍的，

而一到那條路的起點，

光看到牆上寫著 Savile Row，

就自己在那裡興奮不已，

真的是我高中那個 K 書的夜晚看到的街名耶！

其實整條街很安靜，幾乎沒人出沒，

路旁停了很多名車，

我還找到金牌特務裡面的那家 Kingsman 祕密基地，

不誇張，從裡面走出來的男士，下階梯會慢動作，

目光往兩旁掃視之後，才戴上墨鏡，緩緩離開，

我急忙尋找攝影機藏身處，可是找不到；

西米路的外觀真的太過低調，

但我相信，「紳士盔甲」的祕密，

都藏在地下室那些老裁縫師的嘴裡——

每個鈕扣都一定是用動物的角做的嗎？

我身高 171 公分，有辦法讓我的腿長看起來有 161 公分？

有適合流浪的西裝嗎？

哪些名人來過啊？

他們最需要修飾的是哪個部位？

好多好多問題想跟老師傅聊聊啊，
可是我真的太像流浪漢了，
一點推開那扇門的勇氣都沒有，
不過，這樣已經夠開心了，夠開心了。
今天的心情叫做，「百聞不如一見」，
更精準的說，我希望是「百聞不如做一件」。
「西米樂」，幸會幸會。

2017 / 07 / 14

你在倫敦看起來真的很忙。

說好熱去買了短 T，然後出門前又改穿長 T，還加了一件外套，

結果一到戶外你馬上把外套綁在腰上，

坐公車又懊悔說應該穿短 T 出門的。

你在倫敦橋上一邊唱兒歌，一邊又把外套穿上，

還把拉鍊拉到最高，最後還戴上帽子，

巷子走沒幾下你還縮緊脖子，冰冰的手插進口袋。

明明就一個下午，你忙得像過了一整個四季。

倫敦：「呵呵，你這個新來的。」

2017 / 07 / 15

如果你問我怎麼了？
我會告訴你：我想要向英國龐克致敬！
如果你問我要致多久？
我會告訴你：致到家裡那支頭毛擼仔充好電為止。

這是到目前為止，你們最感興趣的博物館：大英博物館。

「后，拔，這是什麼？」

「是聖甲蟲，只要有人偷偷跑進來，聖甲蟲就會全部出動，爬滿這個人的身體，然後把他吃掉。」

「后，拔，祂手上拿什麼？」

「一支是生命之鑰，一支是萬能權杖，只要這支權杖插在地上，沙漠就會噴出泉水、長出稻米，所有法老王的子民就不會口渴、不會肚子餓了。」

「后，拔！」

「這是金字塔，是用一顆一顆這──麼大的石頭堆起來的。」

「你們搬得動這麼大的石頭嗎？」

「不能。」

「他們也不能，所以……」

「什麼啊，拔？」

「所以金字塔是外星人蓋的！」

「哇嗚！」

「哇金憨慢供喂，但是哇金愛猴懶。」

孩子們被我唬得眼睛張超大。

「噓，接下來裡面，有木──乃──伊──」

「噓！」

「后，拔！」

「沒錯，你們看，他的頭髮一根一根的、他的指甲還一直在變長、他的心跟他的胃和腸子放在這些罐子裡……」

你們兩站得離木乃伊好近好近，拔跟麻一直躲在後面，

別人拿著相機一直拍一直拍，

拔跟麻連把手機拿出來的勇氣都沒有。

我的嘴巴好渴好渴，終於有個地方可以坐下來休息一下。

「拔，我知道我長大要當什麼了！」

人一旦被開啟，就會突然知道些什麼，這種感覺好奇妙。

「當什麼？」

「我要當警衛，這樣我就可以拿警棍。」

真棒，拔希望你可以朝著你的目標邁進。

我想著，如果有一天法老王復活了，長生不老，吃遍世界所有山珍海味，後宮佳麗三千之後又三千個三千，

環遊世界轉了八千遍，到了宇宙的盡頭發現是來時處，

然後又有一天，法老王想著：

那我明天要幹嘛？

我接下來的千秋萬世個千秋萬世要幹嘛？

還好，我只需要好好過這一輩子。

帶著朝聖的心來牛津。
這裡，陰天不是一個氣象名詞，而是城市的氣質。
走了兩個下午，才明白，
原來，牛津大學並不是一所學校，
而是很多很多個學校所組成的一所學校，
牛津大學原來是個城市！
這才真正明白什麼是大學城。
所有的學院散佈在大學城裡，
大學城裡有街道、居民、觀光客、巴士、酒吧、街頭藝人、
乞討者、教堂、未來的好萊塢大咖、未來的傑出政治家、
夢遊仙境的愛麗絲、哈利波特、變形金剛……
原來會被叫大學，因為是一個很大很大的學校。
夜晚，牛津他終於忍不住一整天的憂鬱，
輕輕的哭了起來。

2017 / 07 / 24

倫敦，又下雨了。
回到家裡，聽著你的新專輯，
重複播放著其中一首歌，
我在倫敦聽你唱歌。
現在的你，還是很開心的唱歌嗎？
現在你為了什麼而唱？
如果你一直覺得沒有被聽到，
還會一直堅強唱下去嗎？

「學長，如果你一直都沒有被人家看到，你會一直堅持下去嗎？」
那年回彰中演講，學弟這麼問我，我想了好久……
又想到梵谷了，在生命最後的畫，
那麼重的筆觸，像一拳一拳捶進牆壁裡的拳頭，
畫裡沒有謊言，只有誠實的自己。
雨還是沒停，我還在聽你唱歌。

萊斯特廣場上的那位街頭藝人，賣力的 BBox，
表演到一半，突然停止，然後把你們兩個叫進去。
平常連哈囉都害羞的你們，竟然就走了進去，
在他 BBox 的時候，你們配合著，
先是擠眉弄眼，
接著彈起空氣吉他，像個搖滾樂手，
最後身體擁有自我意識，
不需指令自由的舞動著滑稽的動作，
這一切看在拔麻的眼裡，真的嚇傻了。
旁邊觀看的人問說：這是你小孩嗎？
我回答：「不確定。」
然後你們接受大家的歡呼，
還靠著自己的演出，獲得第一份酬勞——兩支棒棒糖。
晚餐後，有個阿姨走來跟拔說：這是我看過最好笑的小孩！
拔真的以你們為榮，
希望你們可以一直為這個世界帶來更多笑容。
真的很奇怪，
因為稍早前我也在科芬園被一位軟骨大師點名上去跟他一起表演，
還得到五英鎊，嘻嘻……
今天，大便淑女隊在倫敦，當了一下下的街頭藝人。

2017 / 07 / 27

來倫敦的第二天就想去白金漢宮，
今天終於成功了。
原來白金漢宮不是白金做的，也不是全部都是白色跟金色，
而是本來這裡是白金漢公爵的豪宅。
「把拔，這是哪裡啊？」
「白金漢宮啊！」
「那誰在裡面啊？」
「英國女王啊！」
「那……她有很老了嗎？」
「嗯。」
「有比彰化阿公阿嬤老嗎？」
「有喔。」
「哦，那我知道了！」
「知道什麼？」"
「英國女王坐公車一定不用錢，對不對？」
把拔真的覺得好驕傲，從來也沒有人會想到女王坐公車不用錢，
就你想到，拔好想幫你申請金氏世界紀錄，
你一定是「世界上第一個想到英國女王坐公車不用錢的人」，
太棒了這個頭銜！

2017 / 07 / 28

其實我也在想，到底是什麼原因讓我對這個城市整個改觀，
後來我覺得，好像是市集。
倫敦怎麼會有那麼多那麼多市集，而且都有自己的個性啊！

名字像 condom（保險套）的 camden 市集，
市集裡面還有分好幾個市集，
而每個市集都有幾百個攤位，
每個攤位又有幾百個商品⋯⋯不要算，計算機會怕！

史派特市集，每天主題都不同，
幾乎每個老闆都是商品的設計師，而且都可能是明日之星，
那天我看到一件 T 恤驚為天衣，
馬上跟老闆說我一定要買，多少錢？
他說 240 英鎊，棒棒棒棒、好棒棒，
然後我講出生涯第一次的這句英文：
「I can't afford it ！」（我買不起。）

科芬園市集真的好優雅，市集裡的貴族；
第一次去下雨淋濕覺得冷，到了那裡覺得好溫暖，
因為上頭搭天棚，店家外頭還有「暖氣輸出」，
每個在倫敦被淋到的人類都覺得好大心；
而那個超神奇街頭魔術師問觀看的那個美國人：
「你是來上語言學校的嗎？」
讓我笑到併軌。

諾丁丘的波多野さ……是波多貝羅市集，
像是豪宅與豪宅的馬路中間在辦園遊會；
菠蘿市集每次想起來都會分泌唾液……

倫敦從原本拿著黑色雨傘的紳士，
變成一群下課 3 打 3 鬥牛的國中生。

我想到上一個 Sunday，

大便淑女隊就這麼湊巧吃到英國傳統食物 Sunday roast，

開啟了一個 beautiful Sunday——

有烤豬的、烤雞的、烤牛的，

服務生推薦我們，「就吃雞吧」。

在介紹的過程中，還講到一個關鍵字——

gravy（一種肉汁）

在主食上來之前，

趕緊先查了一下字典，

而真正了解 gravy 這個單字，

則是在第一口烤雞蘸了 gravy 醬之後，才刻骨銘心的明白啊！

「在燒烤肉和蔬菜的過程中，流出的肉汁和蔬菜汁液再些微勾芡所製成的蘸料。」

哦、哦哦、阿茲阿茲茲⋯⋯

那口雞胸肉加 gravy，

讓嘴裡的雞胸演繹出牠最迷人的罩杯。

碟子裡還有迷迭香小香腸裹酥脆火腿、奶油小白菜、鬆中帶軟純樸馬鈴薯在香汗淋漓的伴著舞⋯⋯

Sunday roast makes Sunday perfect.

這些是你以前絕對不會做的，
只覺得是在浪費生命，
沒想到，你在過程中找到生活。

知道你記性不好，所以特別幫你寫下來。
在台北你總是很忙，
一直到倫敦，你才每天跟我說話。
你說每天早上幫孩子們挑水蜜桃、洗水蜜桃、
擦乾水蜜桃、看他們吃水蜜桃大喊著：
「把拔，今天的水蜜桃好好吃，謝謝拔……」
你很有成就感，
因為你從來也沒有為家人準備過任何一餐，
回去你終於可以說嘴：
「孩子們在倫敦的早餐都是我『弄』的。」
這些是你以前絕對不會做的，
只覺得是在浪費生命，
沒想到，你在過程中找到生活，
又發現生活就像水蜜桃，
沒幾口就被兩個小孩給吃掉了……
所以你說回去，
也要找到生活，
孩子們才會有水蜜桃吃，
然後還要給自己吃。

出來玩，總是會遇到讓人很開心的人。

我上了你的車。

「你來自哪裡？」

「台灣，那你呢？」

「斐濟。」

「斐濟是美國的領土嗎？」

「英國的，但是 1970 獨立了，不過我來這裡很久了，有點算是愛丁不辣的人。」

就如書上寫的，這裡的人講愛丁堡，都說愛丁不辣，感覺像某種甜不辣。

「為什麼你們要用不一樣的錢，不是同一個國家嗎？」

「英格蘭什麼好的都拿去，我們蘇格蘭早就看清楚了，想要獨立……我們的錢是史特林，鈔票上面都會寫，這個錢在蘇格蘭可以用，到英格蘭也可以……」

是嗎？我怎麼聽說這裡的錢在英格蘭很多地方都不收啊！？

「到了，就是這裡。」

「好的，謝謝你，很開心跟你聊天。」

「你看，這錢上面寫史特林，這張給你。」

「不不不不………謝謝謝謝……不不……謝謝謝謝……」

英國

老兄你也太可愛了，車資也才五塊錢，
你竟然還要送我五塊史特林，
雖然沒拿，但是心裡覺得好開心可以遇見你，
一個天真又熱呼呼的分享，謝謝你！

有時候，小小的妳金大心。

「馬麻——」

「怎麼啦？」

「我長大以後，我不要交男朋友，只要陪著妳跟把拔就好了。」

把拔像夏天的冰淇淋，好快就融化了；

妳在四歲的時候，就超越了兒女私情。

「可是馬麻有一天也會死翹翹啊！」

「沒關係啊，那我就陪妳到妳死翹翹啊。」

「然後呢？」

「然後我再找一個新的馬麻就好了啊。」

妳不只超越情感，還看淡生死，

雖然說旅行讓人長大，但沒想到會長這麼大。

2017 / 08 / 14

在英國已經快一個半月了，
每次買東西結帳，如果要用到零錢，
只能無助的從口袋拿出一堆銅板，叫店員自己拿。
一分錢、兩分錢、五分錢、十分、二十分、五十分錢、一塊錢、
兩塊錢……
銅板的大小不等於幣值大小，
銅板的圖案，又無法理解的不完整。
那天，你問了我一個問題：
英鎊的一分錢＋兩分錢＋五分錢＋十分錢＋二十分錢＋五十分
錢＝？
「88分英鎊，」我說。
「答案是……一個盾牌。」
你像個魔術師揭曉了答案，
我在旁邊瞠目結舌的見證這歷史性的一刻。

2017 / 08 / 16

中華民國 76 年 8 月 16 日，彰化，晴
今天，媽媽帶著我和妹妹，
從彰化坐 102 公車，到台中公園划船，
划著划著，我就睡著了，沒想到……
醒來的時候，船還在划，
可是媽媽和妹妹不知道跑哪兒去了，
身邊多了兩個小孩叫我爸爸，
對面坐著的女生，她叫我老公，
那阿捏？
這才想起剛剛睡著時，做的那個夢，
好長好長，
夢裡面的一切清楚得好像我都經歷過，

而且一個夢就演了 30 年⋯⋯
這下我知道了，
有人在我睡著的時候，
對我按了快速鍵，
還安排我在一個人生地不熟的地方醒來，
而且旁邊的人，
真的都演得超像外國人的，想看我的反應，
然後在旁邊偷笑！
我找不到拿遙控器的那個人，
看來是無法倒帶了，
但是這次，我不會在船上睡著了。
2017.08.16，劍橋，陰

加拿大。

洛磯山脈裡頭的萬年冰川，融化之後⋯⋯是大地的淚水。

大地越來越常掉淚了。

看湖心會靜，看瀑布會想要去做一些什麼事情。

浩把拔、臭寶、QN
流浪對話

2017 / 09 / 09

早上下了場雨，空氣變得可口。
跑去史丹利公園玩，整個公園是個很大的島，
遊艇停泊、馬車在走，
對岸是溫哥華的天際線。
找到了傳說中「讓大人變小孩的鞦韆」，
四個大人飛奔過去，好久沒盪了我們，
在大樹爺爺底下盪鞦韆，誰都變成小孩，
但是，傳說是說盪超過自己身高一百下，
真的會變成小孩！
23、24、25……
這樣我們就可以跟自己的孩子當同學了！
55、56、57……
妳變成小孩會變成單眼皮嗎？
哈哈哈哈……
79、80、81……我一定不要再摔斷門牙了……97、98、99
四個大人竟然很有默契的跳下來，
然後異口同聲的說：
我們都變成小孩，那誰來帶八個小孩回家？！

加拿大

今天在布查花園我說：「這是到目前為止，我覺得最美麗的花園！」
妳嗯嗯的點頭。
第一個讓我們欣喜若狂的點，就是階梯下那個山谷，
用花朵種出一個最不缺顏色的城鎮，
城鎮之後有噴泉在湖上跳舞，
往前過了一個鳥居，來到禪意十足的日本花園，
接著在義大利花園，悟到自己曾經也是隻蜜蜂，
因為看到一隻蜜蜂在義大利花園採蜜，
蜜喝太多了飛的有點歪……
這麼漂亮的花園，一百多年前，
竟然是一處灰濛濛的石灰石採集場！
再怎麼美麗的花園，都是從第一顆種子開始的啊……

讓我們從 0 開始。

一大早,我們來到 MILE O——全長 8000 公里,橫貫加拿大的公路起點,

起點後面,有一個雕像,一個年輕人右腳裝著義肢在跑步,

你說起他的故事……

「他是泰瑞福克斯,18 歲的時候得骨癌割掉右腳,他看到很多跟他一樣的

小朋友受到疾病的折磨,就決定跑馬拉松橫越加拿大,為這些小朋友籌募

經費,每天 40 公里,在第 143 天的時候,癌症擴散,再也無法繼續往前跑

了,隔年離開人世間……」

車子上船下船,從溫哥華島又回到溫哥華,

一路來到惠斯樂,空氣超香。

萬籟俱寂的夜晚,連倒酒都嫌喧譁,

有那麼一刻,都沒說話。

我們都聽到有人從窗外,慢慢的跑過。

惠斯樂好多有湖泊的公園，都是可以跳下去的游泳池。

游泳回來，拔跟妳一起洗澡，

幫妳吹頭髮的時候，妳摸著英俊的他說：

「把拔，為什麼你有兩個雞雞？」

「一個是雞雞，一個是蛋蛋。」

「所以你有一個雞雞跟一個蛋蛋哦？」

「是一個雞雞跟兩個蛋蛋。」

「馬麻說你的雞雞會噴血，然後噴到她的肚子，肚子變大才有我跟葛格的，是嗎？」

「……」

「是嗎？」

「不是噴血啦！」

「那是捨模？」

「精液啦！」

「什麼是精液啊？」

「妳的血管裡面是血液，把拔蛋蛋裡面的是精液。」

「那噴……」

「好了，妳頭髮乾了，快去穿衣服。」

把拔還是陪你們游泳，讓馬麻跟你們洗澡就好了。

加拿大

如果啊，今後你看到我看什麼東西不順眼啊，
請你提醒我，
我站錯地方看了，好嗎？

我說你沒看過湖。
早上來到十峰山，
山的脖子圍著落葉松金黃色的圍巾，
而山光禿禿的頭頂，才剛戴上雪織的毛帽。
松柏長青在這邊變了顏色。
下車，導遊教唆著：「上去！上去！上去看湖長怎麼樣，
再下來湖邊看看湖有什麼不同。」
阿娘喂，爬上了山，突然不小心看到湖的第一瞬間──
Breathtaking，中文是令人屏息！
我知道自己秒吸了一口氣，傻住……
一秒、兩秒、三秒
「這也太漂亮了！」
湖是我從來沒有看過的顏色，
中文沒有這個顏色，偏偏英文程度也不好。
那份美麗是我內心的「不知道發生什麼事」。
在如此震撼的時候，竟然鬧鐘響，
不是夢該醒，而是該要回去遊覽車集合，
這般相遇太難過了，像第一眼愛上一個人，
馬上旁邊有個人出現牽起她的手……
「為什麼？都還來不及記住她的顏色！」
魚在回程的時候喃喃自語。
重點，重點是，下山後，來到湖邊，我不敢相信，
眼前的湖跟剛剛看到的湖是一樣的湖，
我可以很精準的說，湖邊看到湖的顏色，是枯木色。

你說我沒看過湖。
如果啊，今後你看到我看什麼東西不順眼啊，
請你提醒我，
我站錯地方看了，好嗎？

今天，走 93 公路，
兩旁的山上好多冰川，
路邊的白楊樹葉子都黃了，
白楊樹英文名字是 aspen，
才知道是阿斯匹靈的媽媽。
坐著輪子好大好大的冰原巨輪車來到哥倫比亞冰原，
站在萬年的冰川上，
導遊說：「給你們在這邊停留 15 分鐘。」
心算強迫症的我，馬上在心裡演算著這個超越我的運
算能力範圍的算式：
$15 \div (10000 \times 365 \times 24 \times 60) = 1 / 350400000$，
也就是說，我參與了腳下這條冰川大哥他生命中的
三億五千零四十萬分之一的時光！
我好想聽聽他說這些日子以來，他都在做什麼？
當然他什麼也沒說，我也沒再問了，
就把他冰凍了一萬年終於融化的一點點，
喝到肚子裡，
換他參與我在這個世界，短暫的存在。

加拿大

早上 5 點 48 分，鬧鐘響，天沒亮就出發了。
就在車子轉進傑斯柏當趟大街的那一秒鐘，
車內的每個人都突然，「鹿鹿鹿！」
就在安全島上，一群鹿正要去吃早餐就被我
們遇到，
司機大哥把車子停路邊，像是自己出來玩一
樣隨性，說要下去拍照……
再往前開，前面的車子都停在路中間，
這時候，有個老兄表情很無辜的，
在大家面前橫越馬路，「狼狼狼，是狼！」
我跟導遊說是狗，因為脖子上有頸圈，
他說那是國家公園為了要追蹤某些動物而套
上去的，我真是目中無狼！
看完了晨間躲在迷霧中的湖，
回程路上，又有車子停下來，
還有個女生從天窗探出頭，
指著左手邊要我們看：
moose moose moose ！
這次換體型超大、頭上頂著超大鹿角的駝鹿
登場了，他的角像把油漆潑在牆壁上，好大
兩片。
真的是充滿動物帶來驚喜的一天，
包括我問 Qn 為什麼這邊房子的屋頂都要蓋
那麼斜，
她說：「因為這樣大野狼才會滑下來啊！」
我喜歡這個答案，嘻嘻──

2017 / 09 / 30

其實在一開始，是因為看到一張照片裡面，
有兩個人坐在一面很大片的玻璃窗前面用餐，
而玻璃窗的外面，是絕世的湖景，
才會決定要來一趟洛磯山脈之旅的。

我記得真的來到路易斯湖跟前的那一刻，
自己變得好貪婪，
好想能夠用一萬個角度來窺視她的美麗，

她美麗得好從容，而且帶著來自城堡的貴氣，
用路易斯公主的名字命名真的是剛好，
而湖裡的水，是她的女王母親，
維多利亞冰川，流下來的純正皇家血液，
不容置疑的純淨。
夜晚，路易斯公主的女僕把房裡的燈給關上，
我偷偷的羨慕著那個可以走進她房間的王子。

Napa Valley。
讓來自這片山谷的血，注入身體，
結果她竟然跟我說話：「瞬間存在，就是宇宙。」
之後，我就跟宇宙一起運行，
我感覺宇宙好寂寞、好久、看不到終點。
「我要戒酒了。」我跟 Napa 說。

加拿大

2017 / 10 / 10

親愛的孩子，今天的飛機真的很早。
清晨五點，你們被叫醒，不吵也不鬧，
很認份的搭乘「把拔號火箭」，
咻的就噴射到廁所去沖澡、刷牙洗臉，真的好棒！
旅行教會了你們好多事情，
包括妳一抓到空檔就默默蹲在門邊旅充了起來。
五個小時的飛行，到了多倫多，
我們住在一個好安靜的地方，巷子兩旁的樹都好大根，
只是訂房的照片，完全看不出來是在地下室。
睡吧，孩子們，明天睡到自然醒，
眼睛一張開，拔馬上就會幫你們遞上倒進奶瓶裡的溫熱捏捏，
多麼美好的早晨……

2017 / 10 / 13

皇家安大略博物館。
「把拔，這個是什麼啊？」
「這個是打仗用的。」
「怎麼用啊？」
「就戴在頭上，因為它是鋼鐵做的，所以敵人就無法砍傷他的頭了。」
「那現在打仗還要戴這個嗎？」
「⋯⋯」
現在只有唱一首歌才需要戴這個，老師請！
「愛神⋯⋯愛神⋯⋯愛神⋯⋯愛神⋯⋯嗚⋯⋯嗚⋯⋯」
魚說：「人家是崔苔菁，你是崔高蕾。」

「把拔，我的肚子裡面有閃電！」

「什麼閃電？」

「就是一下一點點痛，一下又不會痛。」

「那妳趕快去大便，就會好了。」

「好了嗎？」

「嗯嗯，好了。」

「每天大便肚子就會天氣晴朗了，知道嗎？」

「嗯嗯。」

「把拔，我要吃那個隱形麵！」

「什麼隱形麵？」

「就是這個啊！」

「哦，這叫冬粉。阿菜菜也要吃，才不會又肚子有閃電哦。」

「哦豪——」

好了，把拔也要趕快去補充陳年葡萄汁了，不然換把拔骨頭裡面有閃電了。

夜晚，多倫多下雨了。

「勞婆，妳會冷嗎？」

「不會。」

「臭寶、Qn 你們會冷嗎？」

「不會。」

很好啊，就只有我覺得冷。

回家洗了一個熱水澡，喚回失去的溫度，

然後我們開始零食時間，而且沒人停得了。

「把拔，我們這樣好像零食會喔！」

妳講話的樣子真的像個國中女生。

「把拔，我們在家裡野餐。」

你只要看到草皮就想野餐，現在延伸到沙發。

「把拔，我覺得我們好像同學哦。」

登楞！！

謝臭寶，你不經意講出的這句話，讓拔如獲至寶啊，

你說拔跟你很像同學！？

「吃這個比較營養……」

「吃這個才會長高……」

「吃這個眼睛才不會近視……」

「吃這個才有維他命 G……」

身為父母之後，我們好像都太執著於要你們正確長大，

而忽略了讓你們開心長大。

明天我們再去買兩袋零食回來，拔要吃的比你們多，

然後，變成你們的學弟，

嘻嘻嘻嘻——

加拿大

把拔，我覺得我們好像同學哦。

拔牽著妳，走在當趙央街。
「把拔，你可以說我是男生嗎？」
「為什麼？」
「因為我想當男生。」
「為什麼想當男生？」
「因為男生比較可愛。」
「可是妳是女生，妳也很可愛啊！」
「可是我想當男生啊！」
其實這個問題在妳還沒出生前，拔就想過了，
只是沒想到妳會問的那麼早，
拔的答案是，不管妳要當男生還是女生，
拔對妳的愛都是一樣滿出來的，
我愛妳，很多很多。

2017 / 10 / 18

繼路易斯湖飯店之後，又一個百萬窗景，
回過神來，才發現已經在窗前站了很久，
這是一扇會黏人的落地窗。
尼亞加拉瀑布，我們來了，
看到妳，大便淑女隊覺得自己好幸福，
接著那兩隻小的，就跑去泡澡了，
在那邊想像自己在妳的懷抱裡嬉鬧。

走在瀑布旁邊，就像走在小雨中。

「把拔，我好緊張喔！」

「把拔也是啊，拔上次來，根本就沒有開，想不到這次我們全家人可以一起衝瀑布，耶……」

船一路往馬蹄瀑布開進去，船上的人越來越亢奮越來越激動，

眼前瞬間被數千萬顆的水珠給填滿，

耳裡是轟隆隆隆隆隆隆的巨響，

方向感被環型的水簾給完全遮蓋，

就在這個時候，突然有人大聲尖叫，

哇，竟然出現兩道彩虹！！！

謝臭寶，拔要很感謝你在出發前一直堅持要換泳褲，

所以當船上所有人都緊緊巴著紅色雨衣時，只有我倆把雨衣脫掉，
讓大瀑布的水，狠狠的把男人的豪情壯志潑醒，
把蒙塵的桀驁不馴洗乾淨；
從今以後，你是條漢子了。
雖然後來我們父子倆一直喊好冷好冷，
哈哈哈哈
哈哈哈哈
頌啦！
衝瀑布就是被老天爺抓起來猛親猛親，
親到滿臉都是口水。

加拿大

一句法語都不會的來到魁北克。

一下飛機已經天黑了，

坐上計程車，導航系統是法文的，

公路上的路標是法文的，

到了住宿的地方，房東太太介紹她是法國人，講法文的。

一般人的印象中，法國人是浪漫的，

沒想到眼前的法國房東太太，

馬上為我示範什麼是浪漫——

她……她……她竟然……

在眾目睽睽之下，幫我把一咖二十幾公斤的行李箱，

硬生生的扛上樓，而且扛兩咖！

噢吼，噢吼，太性感太浪漫了，

我噴！！

從來沒有一個房東太太為我義無反顧的把行李箱扛上樓，

我要為那些說法國人很浪漫的所有言論再 +1

最感動的是進了屋子，

發現每個角落、每個細節都是那麼的乾淨，

那麼的讓人感到安心和溫暖，

感覺是我上輩子在魁北克的家，

好感謝這位浪漫又性感的法國房東太太。

今天覺得大便淑女隊好幸運好幸運，

有被老天爺亂親過真的有差。

2017 / 10 / 22

今天的幸福是，

進去 cafe，被女店員問候「繃啾」，整個人筋骨瞬間鬆軟。

公園裡聽著別人講法語，好像在看電影，如果來一杯法國隆河的紅酒一定很搭。

在草地上的椅子坐到覺得冷，太陽突然出場神救援，被陽光溫暖的定桿之後，不小心睡著了一下下。

晚餐後，牽著 Qn 到超級市場買巧克力棒，一人一盒共四盒，回來馬上吃光光。

真的好幸福，繃啾啊……

走進魁北克舊城，是走進乾淨的歐洲，
沒有尿騷味的法國從前。
踩著每一步都是幸福的步伐，
來到城堡飯店制高點，
廣場上的薩克斯風手，在冷風中送上暖和的聲線，
一個外國人吹奏著「某年某月的某一天」，
思緒跌進最開始抱著吉他彈唱著第一首歌的年輕時代。
「把拔，你幫我拍一張我在打砲。」
「什麼東西！？」
「你拍我打砲的樣子。」
「什麼！？哦……你在打砲啊，那麼厲害，好好，拔幫你拍，
那你打砲的時候可以看一下拔嗎？笑一個，1、2、3發射！」
魁北克舊城就像邊打砲還邊笑著被拍照，不可思議。

如果這世界上有個人堅持要按飛彈，
趕快餵他吃一口，那世界就和平了。

走進這間餐廳，就到了法國。
一切是從烤田螺開始的，
才知道法國人這麼愛，
每一顆田螺，都是田園裡慢慢爬行的干貝。
我聞了一口炒蘑菇加小豆苗，
讚嘆這世界怎麼有如此美妙的團體。
而另一道水煮蘆筍，
她要告訴你，
法國廚師，是個專業的食材調情家，
讓每一口被吃進嘴裡的食物，
都妖媚的舞著生命最青春肉體的一刻。
接著侍者很搶戲的化身為主廚，
在餐桌前表演火焰山炙燒牛肉，
而那口牛肉入口，是巴黎街頭邂逅了一個法國女人，
情不自禁的吻了她，嘴裡開出一朵流血的玫瑰，
好危險的美麗。
甜點，天啊！
讓無敵鐵金剛變身月光美少女，
如果這世界上有個人堅持要按飛彈，
趕快餵他吃一口，那世界就和平了。
走出這間餐廳，我希望下一站——巴黎。

今天去蒙莫朗西瀑布。
看完瀑布繼續往裡面走，
突然我們發現，地上全部都是蘋果，
都是從蘋果樹上掉下來的蘋果，
沒有看過蘋果樹的我，小小的驚了一下。
「臭寶、Qn 你們看，這些都是蘋果樹，而這些都是從樹上掉下來的蘋果。」
「好多蘋果哦，把拔。」
「嗯嗯，你們聽的有聲書裡面，牛頓就是在蘋果樹下被蘋果打到頭，才會發現地心引力的，你們記得嗎？」
「記得啊！」
「很好，那如果你被蘋果打到頭，你會想到什麼？」
「我會想要把它吃掉！！」
「很好，吃蘋果很健康，一天一蘋果……」
「醫生遠離我。」
哈哈哈哈，太好了，

拔一點也不希望有一天你們變成牛頓，
只希望你們都像頭牛一樣強壯健康平平安安，
然後其他都是多出來的了。

拔一定要一直記得，我們全家走到蘋果樹下的這個下午，
等哪一天你們拿著不及格的考卷要我簽名時，
我會告訴我自己，你們真的太棒了，
怎麼可以為自己的學習加這麼多分，
哈哈哈哈，真是太好了，
別生氣、別生氣，吃蘋果、吃蘋果啊！

路口的那棵楓樹，黃色的楓葉被風吹得一片片飄落。
「把拔，好漂亮哦。」
你竟然喜歡這份專屬於秋天的美麗。
然後我們來到樹下，
你有感而發：「把拔，如果你飛向宇宙，浩瀚無垠的時
候，你要幹嘛？」
「……」
「哦，我知道了，你一定會邊飛邊吃滷肉飯，對吧？」
秋天果然使人愁，讓你想起這麼充滿詩意的畫面，
拔晚點想想辦法，明天我們再來這棵樹下，
吃滷肉飯，配著飄落的黃色楓葉。

加拿大

2017 / 10 / 28

妳竟然冒雨趕回來，為了幫我扛行李，

啊嘶……*Merci beaucoup*、*Merci beaucoup*！

這次總算捕捉到妳一次扛兩咖行李箱的性感背影了。

「謝謝妳，妳的房子真的很像自己家。」

「可能比你們家更乾淨一點哦，呵呵呵呵。」

妳自豪的說著，表情很淘氣。

「妳都自己打掃嗎？」

「大部分是，我竭盡所能的把每個地方弄的很乾淨很乾淨，因為我媽媽生前住在這裡，她很愛乾淨，所以我也把房子打掃的很乾淨，這是我想念她的方式，我用這個房子紀念她，希望她每次回來看到，都很開心。」

Merci beaucoup，謝謝妳溫暖的房子，

謝謝妳分享這個溫暖的故事，

Merci beaucoup。

PS. 法文 *Merci beaucoup*，音似梅西不孤，謝謝你之意。

2017 / 10 / 29

很久沒有播〈How would you feel?〉這首歌，
早上起床突然想到播來聽。
「把拔，這是我們在巴塞隆納聽的歌。」
蝦密！Qn 竟然在第一時間，直覺反應出這首半年前我們在巴塞隆納常聽的歌，
而且，完全正確！
我吃一驚。
「妳怎麼那麼厲害，妳怎麼會記住這首歌，而且真的是巴塞隆納せ！」
「嘻嘻，對啊，因為我耳朵比較濕啊。」
蝦密！妳耳朵比較濕，這是真的嗎？
妳不要騙拔せ，說不定這個論點可能讓拔得到諾貝爾人體器官奧祕獎。
天啊，我吃了第二驚。
不過，不管得不得獎，
拔以後遇到有人問拔：「阿那麼小就帶他們去環遊世界，他們不會記得的啦！」
拔就可以回答他們：「你錯了，他們都記得，而且他們記的比我們清楚。」
「為什麼？」
「為什麼？你聽好哦，因為他們耳朵比較濕！」

市場裡，把拔牽著妳。
「把拔，我不想牽你這隻手。」
「為什麼？」
「因為你的手裡面有蛤仔！」
「我的手有蛤仔！在哪裡？」
「這裡，就是這個。」
「喔，呵呵，這不是蛤仔，這是拔手上的繭啦！」
「那是粗粗的蛤仔──」
「好，那妳牽左手，左手的蛤仔小小的。」
「……」
「左手的蛤仔還有很粗嗎？」
「沒有了。」
於是妳牽著把拔的左手，繼續逛市場，
拔希望妳跟小蛤仔永遠都是好朋友，
然後拔偶爾也會幫小蛤仔塗點乳液的。

天氣冷冷，妳洗好澡，拔幫妳吹頭髮。

「把拔，我變雞皮大哥了。」

「什麼雞皮大哥？」

「這個。」

「那是雞皮疙瘩。」

「我變雞皮疙瘩了。」

「是妳起雞皮疙瘩。」

「我起雞皮疙瘩了。」

「那拔給妳抱抱吹頭髮，這樣還有雞皮大哥嗎？」

「沒有了。」

「把拔你看，葛格在狼吞火焰！」

「什麼吞火焰？」

「你看，他都吃那麼大口。」

「那叫狼吞虎嚥。」

「你看他都醬狼吞虎嚥。」

妳這個報馬仔。在妳腦袋裡的動物，感覺真有趣，

不是當大哥，不然就吞火焰的，都可以上電視表演才藝了。

PS. 謝謝妳提醒把拔要隨時為自己充電。

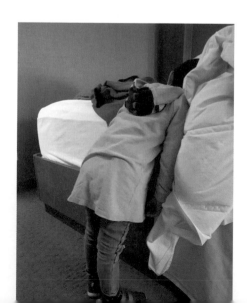

2017 / 11 / 04

12:20 的飛機，9 點到機場，然後趕不上飛機。
你變得煩躁失去耐心，
咒罵著那位說不能用 Visa 去他們國家的海關人員，
還硬把你們請出去到機場大廳，
可是你從頭再來過，
這次換一個海關人員，馬上蓋章，
然後你們奔跑奔跑再奔跑，
跑到飛機前面，目送飛機離開。
那時候你……看起來真的很兇！
對，像個惡人！
認不出來你是誰了！
可是又下一秒，你突然看看身邊的老婆跟兩個小孩，
臉部肌肉鬆弛的說：「他們不就是我的家嗎？
家都帶在身上了，還要趕去哪裡？」
然後下午兩點，你在機場裡，開心的提早開喝，
這下我可認出你是誰了。
你說想謝謝那位海關，她提醒你家一直在身邊。

美國。

紐約冬天好冷，冷到吃東西好像都不會消化。

芝加哥的風認真起來，會把整個城市吹成藍色。

希望我會一直記得，「Jordan 也輸過球」。

浩把拔、臭寶、QN
流浪對話

2017 / 08 / 20

「去黏口香糖啦！」
朋友知道我們來到西雅圖，下了這個指令。
就在一個像地下室停車場的斜坡走下去，
一個左轉，啊！！！！
那兩面牆真的很恐怖，魚說她整個起魚皮疙瘩。
果然不負它「全世界最噁心的觀光景點」的封號，
真的很噁心、很震撼，甚至會誘發密集恐懼症。
一個口香糖真的還好，但是，
如果是每個來到西雅圖的人，
一人一個嚼過的口香糖黏在同一面牆上，
那個噁心的力量真的推也推不倒啊！
阿嘶，綜藝魂突然又噴發！
猜拳輸的去滾牆，
連輸兩拳的去舔牆，
連輸三拳的，自己去選三坨好好的再咀嚼一番——
喂，好恐怖，趕快走、趕快走。

Are you guys going to see the solar eclipse?
（你們是來看日全食的嗎？）
Pardon?（什麼？）
Solar eclipse!（日全食啊！）
Solar what?（日什麼？）
Mm......you know the sun and the moon and......
（就是太陽跟月亮……）

這是前幾天過美國海關的時候，海關人員問的其中一個問題，
也因為他，讓大便淑女隊看到了「日全食」。
大家都知道，天庭有一隻天狗，
牠很調皮，最愛玩你丟球我咬回來的遊戲，
有時候咬錯了去咬到太陽，就會發生「日全食」，
到時候，全世界陷入一片黑暗，
天上的鳥會掉下來，
河流會越流越慢……
直到天狗把太陽吐還給天空，
世界才會恢復秩序。

早上 10:22，大便淑女隊全副武裝都戴上了墨鏡，
飯店門口，早就一堆人等著看天狗表演，
我也興奮的往天空看去……
什麼都沒有，天空很藍，
太陽依然刺眼，怎麼會這樣？
Hey, you guys!
身旁的美國大媽遞了一副紙糊的眼鏡叫我看，
吼！！
喔買！！！

耶斯耶斯、喔耶耶耶！！！
為什麼我的墨鏡看是完整的太陽，
她紙糊的眼鏡就看到日全食？
後來才知道戴墨鏡不只會看到完整的太陽，
還會看到瞎掉！
感謝美國大媽，
這應該是我這輩子自己拍到的唯一一張日全食照片了。

2017 / 08 / 23

「把拔，我要坐那個、我要坐那個！」

「鴨鴨車啊？」

「嗯嗯，你在倫敦就說要給我們坐了。」

「好啦，可是這個都是觀光客在坐的耶。」

「我想要啦，而且你說它還會變成船，在海裡面跑，很厲害せ，好不好啦，把拔。」

　其實把拔一直期許自己，永遠像個觀光客，
永遠對這個世界充滿好奇跟企圖心。

你們含著鴨鴨嘴巴，

呱呱呱的上了鴨鴨車，

呱呱呱的問候西雅圖，
之後又呱呱呱了兩三下，
然後就睡著了，
重點是，你們竟然甲你拔
睏──歸──路──
其實把拔一直期許自己，永遠像個觀光客，
上車睡覺下車尿尿，人生隨遇而安。
一個半小時的行程，睡得超飽，
起來完全不會發脾氣。
「好玩嗎？」
「嗯，好好玩！」
「走吧。」
「那我下次還要坐哦。」

巴蕊壘，下次還要坐！
甲你拔睏歸路還下次還要坐，哇咧呱呱呱壘。

讓我住到電影裡面美國人的家了⋯⋯
女主人在廚房煮菜，透過窗子看著孩子們在前面草皮上玩耍，
男主人，一事無成的，坐在椅子上，喝紅酒⋯⋯
到了晚上，我跟自己對話了起來。
「窗戶要不要鎖起來啊？」
「那也太悶了吧！」
「可是都沒有鐵窗！」
「別人也沒有啊。」
「可是他們家裡不是都有槍嗎？」
「沒關係啦，壞人也不知道我們沒有槍啊！」
也就睡了。
凌晨，我真的聽到很清楚的腳步聲，
魚也聽到了，我們同時驚醒，
衝出臥室往孩子的房間奔去，
果然被我逮到，Qn 起來尿尿⋯⋯
後來歸眠睏未去，這是我的西雅圖夜未眠。
住進一個夢想中的屋子，
才發現自己，習慣被關在鐵籠裡。

美國

2017 / 08 / 31

美國加拿大，沒有車子感覺很不自由。
終於弄到交通工具，
而且連駕駛都找好了，
嘻嘻——大便淑女隊，
讓我們航向偉大的航道吧！
阿拉斯加，我們來了。

2017 / 09 / 01

郵輪不停往更冷的地方前進，風景自己跑出來；
甲板上，有個阿嬤老鳥依人的坐在阿公腿上。
早上在海上醒來，才知道，
原來睡覺的時候也是可以暈船的。
Qn 睡眼惺忪，想到昨晚的事情：
馬麻，為什麼昨天那個阿公要坐到妳旁邊，當妳男朋友啊？
臭寶秒回：因為馬麻有化妝啊！
喂──
真的很好笑，昨晚的泳池邊，
竟然有個阿公當我的面要把寶貝魚夾去配，
我懷疑自己是不是長的很像空氣？
還是長的很像游泳圈或躺椅之類的？

2017 / 09 / 04

今天郵輪，駛到碰壁，
我以為到了海洋的盡頭。
船不動，船上所有人的目光，都鎖定同一個方向。
突然間，
大家哇、哇、哇哇、
尖叫還帶拍手，終於被我們等到了——
遠處的冰河，禁不住海洋的召喚，
激情的投入她的懷抱裡，
整整過了 3 秒，才傳來他們水乳交融的聲音，
像打雷一樣，
轟隆隆隆隆……
非常震撼的大自然到冰秀。
晚上下雨了，我在甲板上感謝老天爺，
讓我今年的夏天，常常覺得冷。

美國
___

今天晚上，是身為一個愛賭人士的我，
最輝煌的一夜了。
正式為大家介紹我的新頭銜，
我就是，這一趟，阿拉斯加之旅，
渥蘭頓郵輪的…………
「賭王」！

哈哈哈哈哈哈
哈哈哈哈哈哈哈
哈哈哈哈哈哈哈哈哈
你問我怎麼得到這個殊榮的，
就是剛好他們辦了這個活動，
然後整個賭場只有我一個人在賭，
其實已經有兩、三天，都只有我一個人在賭了，
然後今天我剛好賭到比賽的最後一刻，
確定不會再有人可以打敗我了，
結果，我就變成賭王了，
即使輸完了 80 元美金，
我還是賭王，好厲害，
不愧是賭王，
輸錢還可以當賭王，
好佩服自己。
後來賭場還想要宣布這個消息，
我說不用了，
船上都是阿公阿嬤的，怕吵醒他們老人家，
我怎麼會這樣，即使當了賭王了，

還是一樣低調，不炫耀。

回到房間，跟寶貝魚分享這個好消息，

她興奮的說：太好了，終於讓你闖出一番名堂！

PS. 賭王可以得到「賭王冠軍帽」、「賭王T恤」、「賭
王用過然後被作廢的撲克牌」、「賭王氣泡水」。

2017 / 11 / 15

時間一到，一艘艘的船就會往島上駛進來，
船上的人，大部分都是來找我拍照的，
是的，大家好，我是自由女神。
其實我一直站在這裡，不是為了跟大家拍照，
可是後來就變成這樣了。
也好，現在的人很需要拍照，
如果跟我一起拍照可以讓大家開心，
也是我意想不到的收穫。
但是我最想做的事情，其實是：
如果有任何一個人，甚至只有一個人，
看到我一直不自由的站在這邊，
之後發現自由是多麼可貴的一件事情，
或者就挺身而出捍衛自己身體的自由、心靈的自由、
爭取同胞的自由，
那我真的就沒有白站了。
然後，我要感謝那幾個曾經看到我手太痠忍不住把火
炬稍微放下休息的人，
謝謝你們沒有把這個祕密告訴別人。

2017 / 11 / 16

早上你還沒刷牙就在那邊玩玩具，
把拔問你會不會冷，你突然反問拔：
「把拔，為什麼企鵝的身體只有中間是白色，旁邊都
是黑色啊？」
「ㄜ……把拔也不知道ㄝ？」
「我告訴你，因為企鵝的手很短，所以牠洗澡只能洗
到中間，像這樣這樣……」
哈哈哈哈，把拔被你逗樂了，恭喜你得分！
或許你長大可以去比賽講笑話，把歡樂帶給大家。
說到這個，拔要告訴你一個祕密，
當你把別人逗樂的時候，
在你的心裡，你才是笑得最開心、最大聲的那一個，
超爽的，但是會上癮就是了。
然後，當你很在乎別人的開心時，
你會忽略自己的不開心，你就不會不開心，
這有點複雜，找時間再跟你好好聊，我愛你。

當你很在乎別人的開心時，
你會忽略自己的不開心，你就不會不開心。

2017 / 11 / 17

你從鹿港，我從彰化，
我們每天在彰中一起讀書，23 年前。
你來紐約出差，我來紐約流浪，
我們今晚在紐約一起晚餐，23 年後。
23 年了，神奇的是，
我們怎麼像 23 年前那樣練肖話，
即使你有個很大的什麼董事長頭銜，
然後我有個什麼藝名，
我還是習慣叫你塞坤，你還是習慣叫我阿猴，
我們在曼哈頓的 47 樓夜空，
一起回到 23 年前。
親愛的老同學、老朋友、我曾經叫過你兄弟的人，
遇到你們真的是我的福氣，
就像塞坤董事長說的，
你們是生命的綠洲，謝謝你們，兄弟。

美國

今天，是你們的糖果日，
妳從老闆手上接過那一袋糖果，笑得像全世界最富裕的人。
雨在下，妳挨著拔在街頭走著，
我總是因為你們默默的跟著而感動。
突然妳很 man 的說：「兄弟，你還好吧？」
「我很好兄弟，那妳呢？」
「我——好——冷——」
真的很對不起，下雨還要拖你們一起出來走，
拔承認，我是個很固執的人。
「那怎麼辦？要先去商店躲雨嗎，兄弟？」
「不用了，我只要先吃一顆糖就不會冷了，兄弟！」
賀，很會，雖然拔剛剛才說先吃飯才能吃糖果，
但是，這次妳贏了兄弟。
「只能先吃這一顆，剩下的吃完飯才能吃哦！」
「好。」

「還會冷嗎？」
「不會了兄弟。」
希望妳以後到了不愛吃糖的年紀，還會當我是兄弟。

一家人從二手書店出來，

浩子在心裡想著：「很久沒有看書了，原本的閱讀已經被網路給取代，這趟旅程至少應該帶本詩集的。」

他在心裡嘀咕，轉頭看到 Qn 縮著身子，雙手插口袋的跟在後頭。

「很冷嗎？」

「嗯。」Qn 很冷的回答，

他知道女兒的個性，如果再大個兩歲才帶她環遊世界，她一定選擇顧家。

「好吧，進去這家店看看有什麼可以吃。」

浩子體感溫度只有 2 度的說著。

「Sorry, no food till 6:30.」（不好意思，6 點半才供餐。）

「No problem! Red wine,please.」（沒關係，紅酒就好。）

酒保的氣質出眾，酒吧的門做成城堡的高塔，牆上有一幅畫，

畫裡面啤酒杯裡的啤酒泡沫像朵朵盛開的花朵，

吧台前坐了一個女子，背影孤單，

酒吧旁邊有一個小舞台，已經有樂手開始 set 樂器，

酒吧門被打開，另一個樂手走了進來，

接著又是下一個樂手，酒吧越來越熱鬧。

第二杯紅酒，臭寶跟 Qn 開心的在畫圖，

樂團開始演奏了，一群很有自我意識的人演奏著鄉村音樂，

他覺得像在收割後的稻田裡上演時裝秀，

走著很前衛的腳步，卻都是緊緊黏著土地。

「哇嗚……」浩子在樂團第一首歌結束時，叫了出來，

因為歌曲結束在出乎意料的地方，像生命，不知道在哪裡結束。

「哇嗚……」第二首歌結束時，他又叫了出來，

因為歌手把音符結束在和弦之外，他看到一群頑固的人，

在對殘酷的生命比中指。

美國

「哇嗚⋯⋯」小提琴手 solo 的時候,他又叫出來,
因為那個小提琴手好自由,而且很要緊的自以為帥,那一刻只為自己
活著,而且還發光。
他還注意到吹長笛的女生,會在歌曲中間下台親吻她兒子,
他才知道,男人再強,還是女人帶大的。
吧台前那個女子,旁邊悄悄的,多了一個男人。

下午，走在華麗的一英哩大道上，

兩旁的建築和步道的寬度，讓人走起來相當優雅，

於是我就優雅的轉進去那家設定的餐廳，

吃完之後覺得這個在台灣應該會賣。

「Beef Tendon Chips」炸牛筋脆片；

廚師把牛筋炸成一朵美麗的雲朵，

雲朵上面撒著鹽磨成的細粉還有油醋，

一口咬下，那脆的聲音會讓整個城市的人轉頭過來看你在吃什麼，

咬兩下之後，會和唾液產生戀人般的黏稠，

氣味領著食客回到媽媽的廚房，那塊剛炸好新鮮熱呼呼的豬油渣。

「Crispy Pig's Ears」香脆豬耳朵，炸成一條條像薯條的豬耳朵，

搭配同樣酥炸的羽衣甘藍，兩者的搭配就是美麗一英哩上的鹽酥雞加

九層塔了。

我想著如果在夜市賣這個，肯定會有人排隊！

那店名就叫「台灣第一家的鹽酥豬」好了。

暗爽的又收集到「想要菜單全部點一輪」的一家店。

2017 / 12 / 02

今晚來點爵士樂吧，一人 10 美金，跟我來。
台上有兩位薩克斯風手，
其中一個把舞台讓了出來給另一位 solo，
喝了口酒，覺得時間差不多了，自己走上去，
一點也不客氣的讓對方歇喘，
這次換他把手裡的薩克斯風吹到岔開，
觀眾很有默契的在他結束時，給予掌聲；

鋼琴手很紳士的在琴鍵上撒野，
像穿西裝拿斧頭砍柴；
低音大提琴在琴頸上，爬出一顆顆音符，
把酒吧的孤獨填滿；
鼓手的四肢都長腦，各自掌管自己的節奏……
桌上的食物又再次讓我想起房東說芝加哥是美國最好吃，
而花 10 美金，看別人把手裡的樂器練成身上的一個器官，
真是值得！

今天，總算見識到了什麼是風城芝加哥了。
天空所有的藍色被吹進城裡每個人的心，
交通大亂，因為連綠燈都在憂鬱……
剛好是離開風城的一個好理由，
去找個有陽光沙灘的地方走走吧！

到了邁阿密住處都已經十點半了，
沒有半家餐館有開只剩漢堡王，而且只有得來速可以點餐，
大便淑女隊就在得來速車道上點起餐來。
「我要一個 3 號、一個兒童……」
「對不起先生，請問你有車嗎？」
「沒有，我們走路來的。」
「對不起，沒有車不能點餐。」
「可是你們店面關了啊！」
「對不起，這裡點餐要開車。」
為什麼得來速不能走路點餐？
「上來我的車吧，上來點餐。」
後面的邁阿密在地人竟然熱情的招呼我們全家人上他的車子，
上陌生人的車子裡面點餐，真的是人生第一次啊，
哈哈哈哈——
「哈囉，我要點餐，我現在已經在車上了。」
「好的，請問你要什麼？」
來邁阿密的第一個晚上就遇到天使。

好久不見，泳褲先生。

拿著啤酒走在沙灘，浪打在腳上，跟自己擊掌，

今年自己決定四季。

一個大叔，從浪裡走了出來，看起來很疲憊，

穿著短褲手裡還拎著一件長褲跟一雙鞋，

可是都已經濕透了，

一個浪又打來把他給捲了進去，

他閉氣不是很想站起來，

眼鏡被打到海裡，一個年輕人經過把他拉了起來，

扶到岸邊，回頭還去撿回他的眼鏡。

我在沙灘上走了一趟，想多看幾個上空美女，

但這裡都是美男子配美男子，

回到傘下喝了一口啤酒，那位大叔從身邊走過，

眼裡沒有希望，只是走著，

終於忍不住跟上去問他：「Are you ok ？」

他像被喚醒，盯著我看了一下，才緩緩的說：「我不確定，但是，我感謝你過來問我，我感謝你過來問我，很不幸的是我現在還要回去工作……我感謝你過來問我。」

我突然手足無措，竟然跟他說：

「每個人都要回去工作的……但是，

請你 keep ok ！」我在講什麼啦？

他走了。深藍色的海水，流進我心裡。

古巴。

整趟行程都安排在同溫層，後來覺得膩，還好有了古巴，才可以體驗失溫層。

第一次進哈瓦那舊城區，想趕快走人，後來住進去之後，才看到許多精采的故事。

知道自己擁有太多的那一刻，是真正富有的開始。

浩把拔、臭寶、QN
流浪對話

當飛機成功降落在哈瓦那機場的跑道時，
機上的人竟然都在鼓掌。
出關時，發現每個海關女生都穿性感的網襪，
是玫瑰花圖案的鏤空網襪，
這是為了讓疲憊的旅者迅速退散疲勞的安排嗎？
叫了計程車要前往住處，
跟司機放好行李後，開門要坐副駕駛座，
結果副駕駛座上面竟然有個中年女子，
我說怎麼會這樣，他說沒問題沒問題，
她是計程車老闆，她坐這裡，
可是計程車是我叫的，現在我才是老闆吧？
她如果是老闆，應該是坐辦公室，而不是坐副駕駛座吧？
後來我就坐在後座出發了，
很有幸的可以跟老闆同車。
一路上摸黑的走著，
完全沒有路燈，走沒多久，
我深深覺得這地方很適合喜歡拔刀相助的人來，
因為路很不平，
司機會歪七扭八的閃坑洞，
但是老闆坐得好好的，怪不得人家是老闆！
終於來到住宿的地方，大海前面的獨棟透天厝，
房東跟管家阿姨已經在門口等了很久，
笑容非常真誠，
說我們是他們第一組來自台灣的客人，
還額樂台灣的棒球很強，
談話間，我一直在找我學過的西班牙語到底跑哪兒去了？

古巴的第一個夜晚，沒有被網路覆蓋，
可是眼前有大海，
海邊還有一群人拿吉他唱歌，
到了 11 點，連電都沒了，
以往蠟燭都是點來增加生活感的，
來到了古巴又還給它照明的重任，
後來……連水都沒了，
黑暗中，我想說流浪真的教會了我很多，
像此時此刻的我，追求的，
只是一個有水有電的人生就好了。

「老公，外面好像有颱風せ！」
用這句話當古巴第一個早上的開場白，真是荒謬。
強風硬要灌進窗戶的縫隙，發出刺耳的高頻，
海浪一波波打在岸上，發出隆隆的吼叫，
雨水順著風勢闖進客廳，
沒水沒電，是大便淑女隊在古巴的第一個早晨。
嘴巴很臭，猶豫很久，
用了一個鋼杯的礦泉水刷牙，
好怕等一下沒水喝，
還好昨天約好的計程車有來，
此刻的運將看起來像消防隊員。
趕緊去超級市場把糧食補齊，
超市很大東西很少，
明亮的燈光照不亮心中的灰暗，
沒有泡麵、沒賣蔬菜也沒餅乾，
只買到一塊雞胸肉，還好還有酒，
於是很賭氣的把身上的古巴比索幾乎都買酒，
這個行為沒多久就後悔了，
因為完全沒有提款機。

古巴

回到海邊的家，還是沒電，
趕緊趁天沒黑快速洗了冷水澡，
孩子們像參加夏令營，
但是這次我騙不了自己，海風笑阮憨……
夜晚來襲，浪沒有要歇喘的意思，
全家人聽著手機裡播著的童話故事「賣火柴的小女孩」，
這一晚我入戲好深，
手電筒照明的手機剩下 16% 電力，
等一下就沒電了，
真是太好了，這樣就不必再擔心它快沒電了。
然後我想到這個海邊的家，總共要待五晚。

2017 / 12 / 14

清晨，外面又突然暴風雨，
女管家依蕾蕾來敲門，
比手畫腳了一下之後，
就把臉埋進雙手裡，哭了起來。
看著她為了停電的事如此操煩，
我選擇逃離這屬於她生活中的無奈，
然而她從來沒能這麼做，
我們彼此擁抱之後，
就上了計程車，揮手道別。

古巴

車子一路往 Varadero 駛去，一個渡假天堂，
晚餐有八種選擇，酒精無限暢飲，
電器用品都來電，游泳池游完游大海，
一個不是古巴的古巴，人造的美好。
晚餐，把自己吃得好飽好飽，
回到房間，打開水龍頭，
熱水經過蓮蓬頭灑落在身體上，
原來洗熱水澡是這麼舒服的一件事。

「依蕾蕾，今晚電來了嗎？」

計程車司機告訴我，古巴人每個職業每個月的薪水，
都是台幣 1000 元。
「1000 元！ 1000 元可以買什麼東西？」
「沒有東西。」
「那你生病怎麼辦？」
「我有朋友當醫生，他會幫我看病。」
「這麼好！」
「但是他假日要去玩，換他會叫我載他全家人。」
「哦，了解。那你如果要買肉呢？」
「我有朋友在火腿工廠上班，我會去找他。」
「了解。那……你那個剛出生的女兒呢？她要喝奶啊！」
「我有朋友在郊外，他有奶，我會去找他。」
「了解，朋友太重要了。咦，不對哦，你這一趟路跟我收
4000 元，那你不就是古巴的有錢人？」
「先生，是這樣的，所有計程車都是跟政府租的，一天要
給政府 1500 元，像我昨天跟前天沒有半個客人，我就很
煩惱不知道要去哪裡生出錢來，還好今天有生意，這個月
沒有什麼遊客……」
他講話的同時，我看到他儀表板的電池的燈在亮，
該換電池了，我問他電池多少，他說 2500，
在古巴當計程車司機，根本是跟政府在賭博。
如果我是古巴人，
我要當計程車司機跟政府拚一把嗎？
我想，我會組個古巴大車隊，
代號「56758」──「我來去古巴。」
拚一把風險太大，我要拚十把。

今天坐火車去領錢。

銀行門口排著隊伍，前進速度相當緩慢，

心情萬分忐忑，

因為身上的 CUC（古巴給外國人用的錢）真的快用完了，

信用卡在這邊又不通，如果沒領到錢——

輪到我了，我將提款卡、護照遞給行員，

她看了看，

把卡插進去一台像刷卡機的機器裡頭，

沒動靜，

滴答滴答滴答……

還是沒動靜，

滴答滴答滴答……

機器吐了，吐出一張白紙，

行員遞給我，搖搖頭。

NO ACEPTAR ！

西班牙文不好，但是我看懂它寫什麼，「不接受」。

不接受什麼啦！？

我才不接受勒！

你不接受，我就慘啦！

我在古巴找誰借錢啊？

我古坑或許有朋友，但是古巴要找朋友是不可能的任務啊！

萬念俱灰，我只有一張提款卡，就一張，

我想不出辦法了，

亂塞了一張美金信用卡給她，

此時我看到賣火柴的小女孩劃下第三根火柴，

微小的火光照亮整個寒冷的冬夜，

出現了一個美麗的世界，

每個人都開心的笑著，

大人大口吃著滷肉飯、小孩舔冰棒、老大人們在公園跳土風舞、河馬張開口吞掉了……

「這裡簽名。」

「什……什麼……什麼東西！？」

「這裡，簽名在這裡。」

「我？我嗎？」

我看到刷卡機又吐了，上面寫著 414 美元，

可以領到 400 CUC ！

我飛翔了，是真的，我飛翔，

就在河馬張開口吞掉了水草那一刻。

我好感謝顏永烈的老婆幫大便淑女隊辦了一張美金卡讓我帶在身上，古巴人靠朋友，台灣人的朋友也是很罩的！

這輩子最刺激的一次領錢。

住進哈瓦那，
覺得生命變成雪茄，好濃烈！

古巴

2017 / 12 / 21

離開躲了六天的渡假村，
車子往哈瓦那舊城開去。
「怎麼會有一個地方長這樣！？」
抵達的時候，我心裡這麼嘀咕，
我好像從來沒有出國一樣，
覺得眼前的世界太瘋狂。
到了民宿，才知道，
原來我們要跟真正的哈瓦那舊城人住在一起。
哈爸以為他慢慢講話我就可以聽懂西班牙文，
奇拉看到我們一直搖尾巴，
哈媽帶著我們用她的西班牙混肢體語言介紹房間，
哈姊拿著手機把她要說的話翻譯成兩光英文。
把行李放好，重新回到舊城的巷弄，
感覺跟剛剛第一眼完全不同，
好像被打開了什麼，
好像眼前這些人都是朋友，
好像每個角落都有好戲要上演了⋯⋯
住進哈瓦那，覺得生命變成雪茄，好濃烈！

2017 / 12 / 23

晚上，哈爸哈媽家來了一個法國人，
他半年前第一次來哈瓦那也住這裡，
而半年下來總共來了哈瓦那四次，
他徹底的愛上哈瓦那，
也徹底的愛上了一個哈瓦那女孩。
法國人告訴我說他已經有點古巴人了，
因為他左邊口袋放 CUC（外國人用的錢），
右邊口袋放 CUP（古巴人用的錢），
1 塊的 CUC 是 25 塊 CUP。
他從右邊口袋拿出 1 塊 CUP，告訴我這叫「一杯咖啡」，

我瞪大眼，我在街上喝一杯咖啡付 1 塊 CUC，他付 1 塊 CUP！

我喝一杯，他可以喝 2、2、2……25 杯！

這個時候哈爸加入我們的對話，

拿出一個重量很輕的 5 分錢 CUP，

告訴我這叫「一個麵包」，

蝦！密！

我馬上想到下午在飯店點了四個麵包，要 2.5 元 CUC，

一個等於 15.625CUP！

哈爸買一個麵包只要 0.05CUP！

就是說我吃一個麵包，哈爸可以吃 312.5 個麵包，

這真的是我在古巴聽到最驚悚的故事了！

哈瓦那舊城的公雞，
準時早上 6:32 啼叫，
我討厭被牠叫醒，所以我都先醒來。
海風一夜沒睡，
賣麵包的商人推著車子，響亮的叫販，
再晚些他會改用吹哨子的；
有個皮膚黝黑的男子，
從二樓把一桶水倒在大街上，
窗前晾曬的衣服不停晃動；
一個媽媽帶著小孩去上學，路上遇到一個熟人，
彼此給對方在臉頰上一個親吻；
兩個男子站在對開的綠色鐵門前，
各點了一小杯咖啡，站在街上，
沒兩口就喝完，轉身離開，
一輛無名藍的車瑞級古董車駛過他們身邊；
廚房裡哈媽幫我炸了一條像雪茄的旗魚黑輪，
陽台上的哈爸在二樓釣到一條麵包⋯⋯
賣麵包的商人早就不知道賣到哪裡去了，
卻還聽得到他宏亮的聲音。
這是哈瓦那舊城裡，晨間的風景，
一大早就這麼活潑。
晚安了，換我早安。

古巴

今天一大早，法國人又帶錢來送我了，
一枚 3 塊錢的切 · 格瓦拉硬幣，
上面寫著 PATRIA O MUERTE——不愛國就死。
接著他跟我聊起古巴的革命故事，
不可思議的精彩，
然後我不經意的拋出了「古巴人恨美國人嗎？」這個問題，
哈爸反應很大，

哈孫女也反應很大，
但是兩人意見分歧，唇槍舌戰，
我見情勢不對，趕緊「出國」去透透氣，
來到哈媽心裡面的國外「中國城」，
來看看哈媽覺得很特別很有趣很新鮮的地方。
看到牌樓上寫著「中國城」，
我們走進去到出來，一分鐘就出國完了，
真的很特別。
從頭到尾沒有看到半個中國人，實在太有趣了；
點了一盤青菜、一盤炒麵，
吃不出來是哪一國的料理，再新鮮不過的一餐了。
這真是一次難忘的出國經驗啊！

昨晚把所有剩下的古巴錢，全部都變成雪茄，
塞滿行李箱。
早上哈媽幫我們叫了一台古董計程車，
法國人幫我把行李都上了車，
還跟司機交代好航廈，
之後就在車子外面代替哈瓦那向我們揮手道別，
哈爸也在陽台上不停的揮手。
古董計程車全身上下都可以發出聲音。
車子來到二航廈，找不到可以 check-in 的櫃台，
問了之後才知道是三航！
二航和三航距離 3 公里，
身上就只有 5 加幣，計程車司機說要 10 CUC，
如果要用走的，走到來飛機已經起飛了，
四張卡在機場的 ATM 又領不出半毛錢，
問了司機，可以行行好嗎？
他說就是要 10 CUC，但是我真的沒有錢⋯⋯
對了！
「我那裡有很好的雪茄，可以用雪茄交換嗎？」
「掛的嘍（4 根）！」
「完美，哈哈哈哈。」
司機把行李箱都上車時，注意到我的包包上面有一頂帽子，
「我要這個帽子，和 5 元加幣。」
「當然，這真是個好交易！」
就這樣，大便淑女隊總算在 check-in 的櫃台前面排隊了。
我為自己想到以物易物這個方法感到十分得意，卻不知道櫃台那裡，
還有一關更難的！

在 check-in 櫃台前面排隊的時候，魚突然想到：

「我們還有行李費沒付！」

「沒關係，這裡可以刷卡。」我自信的回答，然後輪到我們。

「一個行李 25CUC，四咖共 100CUC。」

我遞上我的信用卡。

「現金。」櫃台人員很簡短的吐出這兩個字。

「可是我只有信用卡，我沒有現金！」

這次她連兩個字都懶得吐，只是搖頭。

我快哭了，怎麼會忘記行李還沒付錢，

然後把所有剩下的古巴錢都拿去買雪茄？在幹嘛啦！

「對了！我們行李箱裡面還有 7000 日幣，去換錢那邊試試看！」

魚突然靈機一動，我趕緊拿著 7000 日幣到樓下換錢的地方，

換到 59 塊的 CUC，可是這樣還是不夠啊！

我失望的走出櫃台，就在這個時候，看到一個排在我後面的男生，

亞洲臉孔，身上揹著兩樓高背包的背包客，在那邊等著換錢，

我趕緊湊了過去：「不好意思，我花光身上所有的錢，我現在差 50CUC，你可以幫忙我嗎？我行李箱裡面有很好很好的雪茄，可以跟你交換 50CUC，拜託，請你幫幫我，拜託……」

那位背包客表情尷尬到不行的直搖頭。

「不可以不可以，你一定要幫我，拜託拜託，我可以給你兩盒，是超棒的雪茄，很大根的那種！」

他還是很難為情的杵在那邊。

「你一定要幫我，還是你想要我的什麼都可以，你可以去我的行李箱那邊挑！」

如果我是詐騙集團，那我肯定是最鍥而不捨的那個，

但是……他開口了！

「你說 15，還是 50 元？」

「50、50 元，五、零，50 元。」

他又繼續尷尬，有夠尷尬，

然後說：「我不確定我戶頭裡面有沒有 50 元，但是我可以試試看。」

天使在我的頭上撒花。

韓國人領錢的時候，我在後面一直在心裡唸著：

「你有錢你有錢你有 50 元你有錢你……」

他一個轉身，把 50CUC 遞給我，

我背後長出翅膀飛了起來，

「太感謝你了，你幫忙我好大、好大！」

「快去 check-in 吧！」韓國人轉身要走，

「不行！我的雪茄超好的，很大根的那種，你一定要拿！」

我領著他，來到櫃台前，攤開行李箱拿出那盒超棒的雪茄，

然後跟他要了電子信箱，還拍照。

呼，後來一切都搞定了，進了候機室，

突然肚子一陣咕咕叫，然後我就進廁所，

剉賽，而且……很剉的那種。

旅程尾聲。

流浪到最後，胃會很想很想家，想到控制大腦的運作，然後每天不管安排什麼行程，一定都會經過中國城。

2017 / 12 / 29

飛機在甘迺迪機場降落，
這次我是第一個鼓掌的人，然後很多人跟著鼓掌。
機場商店賣好多東西，像是個虛幻的世界，
而且 ATM 是真的可以領錢的，人生好踏實。
機場的 WIFI 不需要買網路刮刮卡就可以無限暢連，
這是哪個善心人士捐贈的？
機場外排班的計程車，根本都是未來才會出現的概念車種，
街道沒有坑洞，三輪車馬車不知道跑哪裡去了？
而且為什麼沒有半個人需要搭便車？
商店裡即使到很晚還是有好多種麵包可以買，
所以街上就沒有人推著推車賣麵包了……
這不是我第一次來美國，卻是最驚喜的一次，
覺得怎麼這個地方，什麼東西都有啊！

今天紐約下雪了！
看著窗外的雪越積越深，
再也按捺不住內心的衝動：「走，我們來堆雪人！」
「好耶！！」
打開鐵窗，從窗戶鑽出去到外面的天台，一個白色的世界。
當每個人把手裡的雪堆往天空拋去時，臉上都漾滿了幸福的笑容。
牛奶的雪人穿著紅色比基尼一點都不怕冷、Qn 跟魚的雪人是一隻
要上課的河童、臭寶的雪人隨時準備好要戰鬥、我的雪人……
「你的雪人好髒喔！」
「什麼髒！那叫滄桑，他是個有故事的雪人好嗎？」
我的雪人在下著雪的天台上，抽著雪茄喝紅酒，
他在等，等一個時間，等一個時間到了，
他想跟大家講一聲：新年快樂。

今天起床沒多久，台灣就在跨年倒數了，

「5—4—3—2—1—新年快樂！」

天很亮，氣溫負九度，大便淑女隊在布魯克林家的客廳裡，

看著群組裡面的倒數影片，也跟著台灣一起 delay live 跨年，

這是大便淑女隊第一次全員到齊一起跨年，

而且在大白天就跨年了，

沒有大牌藝人、沒有酷炫舞台，

但還是跨得很開心，

因為我們都是彼此人生舞台上，最愛的神祕嘉賓啊！

2017，我想跟你說，你

真的是我生命中好特別好特別的一個年份，

沒想到這麼快就要跟你告別了……

好吧，再見了，我會常常跟別人提起你的。

2018……你好，請多多指教喔。

2018 / 01 / 03

謝 Qn，今天拔發現妳徹底的變了，

妳……從四歲變成五歲囉，

耶，生日快樂！

晚上，我們全家跟牛奶阿姨一起在西班牙小酒館幫妳過生日，

蛋糕送上來的時候，妳笑得好開心好開心。

然後妳一直小聲的許願，好認真的許，

馬麻後來眼眶濕濕的，她說她聽到妳的願望：

「希望把拔跟馬麻都不要死掉，然後都不要變老！」

拔才知道，原來四歲變五歲的轉變是這麼大。

可以告訴把拔，另外的兩個願望是什麼嗎？

生日快樂，臭女兒，我愛妳。

謝臭寶，
那天晚上你跟牛奶阿姨在客廳玩上學遊戲時，
你的自我介紹聽起來有點好笑：
「老師好，我是臭寶，我先讀草莓中班，然後讀
草莓大班，然後就環遊世界了。」
再來，是剛剛在甘迺迪機場過完安檢之後，
你突然開心的向前奔去，大喊：
「我們要回故鄉了，耶！我們要回故鄉囉。」
你，才六歲，就說出要回故鄉這麼老成的話。
「把拔，我真的好開心好開心好開心要回台灣，
比買樂高還要開心！」
你妹講的，比較像五歲小孩的台詞。
然後馬麻眼眶又濕濕的了，
馬麻真的很辛苦，要帶著三個小孩到處流浪。

台灣，好久不見，
大便淑女隊回來了，
感謝老天爺！

參與流浪的朋友

Allen 賢伉儷

Happy、Coco

Harry Dolphin 全

大仁哥

Angel

大心阿姨

大俞、小美和喀喀

小胖

山雞、Monica

加拿大怡正、怡如、小樹、小花

永烈、景彥、賴毛 winni、賴打

宇盂和小胖

佩珊

明樺和澄澄

小娛婆

瑞士朋友久樂

唐國師、昱伶姐

佳錦、Chewing、淑燕

維真、Eddie

炘延、孟伶

牛奶

賴毛、winni

流浪日記——世界,是我的信仰

作者	浩子(謝炘昊)
責任編輯	陳玳妮
版權	翁靜如
行銷業務	李衍逸、黃崇華
總編輯	楊如玉
總經理	彭之琬
法律顧問	元禾法律事務所 王子文律師
出版	商周出版
	城邦文化事業股份有限公司
	台北市中山區民生東路二段 141 號 4 樓
	電話:(02) 2500-7008 傳真:(02) 2500-7759
	E-mail:bwp.service@cite.com.tw
發行	英屬蓋曼群島商家庭傳媒股份有限公司城邦分公司
	台北市中山區民生東路二段 141 號 2 樓
	書虫客服服務專線:02-25007718、02-25007719
	24 小時傳真服務:02-25001990、02-25001991
	服務時間:週一至週五 09:30-12:00、13:30-17:00
	郵撥帳號:19863813　戶名:書虫股份有限公司
	讀者服務信箱 E-mail:service@readingclub.com.tw
	歡迎光臨城邦讀書花園 網址:www.cite.com.tw
香港發行所	城邦(香港)出版集團有限公司
	香港灣仔駱克道 193 號東超商業中心 1 樓
	Email:hkcite@biznetvigator.com
	電話:(852) 25086231　傳真:(852) 25789337
馬新發行所	城邦(馬新)出版集團 Cite (M) Sdn. Bhd.
	41, Jalan Radin Anum, Bandar Baru Sri Petaling,
	57000 Kuala Lumpur, Malaysia
	電話:(603) 90578822　傳真:(603) 90576622
封面設計	李東記
排版	Copy
印刷	卡樂彩色製版印刷有限公司
總經銷	聯合發行股份有限公司
	電話:(02)2917-8022　傳真:(02)2911-0053
	地址:新北市 231 新店區寶橋路 235 巷 6 弄 6 號 2 樓

定價 380 元
2018 年 07 月 03 日初版　Printed in Taiwan
2023 年 11 月 15 日初版 27 刷

國家圖書館出版品預行編目資料
流浪日記:世界‧是我的信仰
浩子(謝炘昊)著　初版 . -- 臺北市:商周出版:家庭傳媒城邦分公司發行
　2018.07　288 面;15*21 公分　ISBN 978-986-477-465-4(平裝)
1. 世界地理　2. 旅遊文學　719　107007035